99x SÜDSCHWEDEN

wie Sie es noch nicht kennen

Handverlesen von
Axel Pinck und Udo Haafke

BRUCKMANN

Inhalt

Die Küste von Skagerak und Kattegatt

Vänersee, Vättersee, Küste von Östergötland

Rund um Stockholm

Vorwort

Was macht die Landschaften Südschwedens und ihre Menschen für deutsche Urlauber so attraktiv? Schneebedeckte Berge sind es wohl kaum. Die Strände sind schön, aber das sind sie auch entlang der deutschen Ostseeküste. Vielleicht ist es die entspannte Ruhe in der Natur und das Gefühl, dass viele Menschen im Einklang mit ihr leben. Im Vergleich zu Deutschland ist die Bevölkerungsdichte in ganz Schweden nur etwa ein Zehntel so groß. Auch in den Städten, wie Göteborg oder Stockholm, geht das Leben einen ruhigeren Gang. Eine gemütliche Fika, eine Kaffeepause, ist genauso wichtig, wie der nächste Businesstermin. Vielleicht sind es auch die wunderbaren Kindergeschichten, ob von Selma Lagerlöf, Astrid Lindgren oder anderen, die eine Reise nach Schweden für Kinder und Erwachsene zu einer Reise in ein vertrautes Land machen. Und die Liebe zur schwedischen Literatur setzt sich bei Erwachsenen fort, man denke nur an die in Deutschland so erfolgreichen Schweden-Krimis, wie die von Helene Tursten in Göteborg bis hin zu Viveca Stens mörderischen Inselkrimis, die auf Sandhamn im Stockholmer Schärengarten spielen. Vielleicht ist es auch neue nordische Küche, wie die von Daniel Berlin im ländlichen Schonen oder von Björn Frantzen im gleichnamigen Restaurant in Stockholm, die die Restaurantlandschaft im ganzen Land verändern. Oder es ist das skandinavische Design, das sich in Malmö oder Stockholm, aber auch in Älmhult, der Geburtsstadt von IKEA findet. Tatsächlich hat Schweden seit 1814 an keinem Krieg mehr aktiv teilgenommen. Das war früher anders, wie die Festungen aus den Kriegen mit Dänemark und Norwegen belegen. Und auch die schwedischen Wikinger des Mittelalters waren, wie viele Spuren in ganz Südschweden zeigen, nicht gerade zart besaitet. Vielleicht lässt sich in einigen der kleinen Geschichten und Kuriositäten in diesem Buch auch etwas von dem entdecken, was Schweden für deutsche Urlauber so liebenswert macht.

Viel Spaß beim Entdecken,
Axel Pinck und Udo Haafke

01 Eine Verbindung mit krimineller Nachbarschaft

Eine Brücke verbindet: Ufer, Täler, Inseln, Kontinente. Die acht Kilometer lange Öresundbrücke schließt seit 2000 Malmö und Kopenhagen zu einem Ballungsraum von rund drei Millionen Menschen zusammen. Und seit 2012 ist sie Schauplatz einer TV-Serie, die Millionen Zuschauer vor lauter Spannung Fingernägel kauen lässt.

Ein psychopathischer Serienmörder mit vermeintlich menschenfreundlichen Motiven hält in der ersten Staffel der Krimiserie »Die Brücke« vor allem deutsche, dänische und schwedische Fernsehzuschauer in Atem. In der zweiten Staffel finden die dänisch-schwedischen Kommissare, flankiert von einem deutschen Journalisten, eine Leiche, deren Oberkörper einer Malmöer Stadträtin und deren Unterleib einer Kopenhagener Prostituierten gehört. Dieser seltsame Torso liegt auf der Hauptdarstellerin, der Öresundbrücke, ausgerechnet genau auf der Grenze zwischen Dänemark und Schweden. Bevor der Erfolg dieser düsteren Serienstaffeln abzusehen war, wurden bereits zwei weitere konzipiert. Und mit den guten Fernsehquoten im Rücken verkündeten die Produzenten den Dreh von acht weiteren Staffeln. Allerdings verweigerte der Darsteller des Kopenhagener Kommissars Martin Rohde (Kim Bodnia) bereits nach der zweiten Staffel seine Mitarbeit. Er wollte, dass die fortwährenden antisemitischen Anfeindungen, denen er sich in seiner Rolle auf beiden Seiten der Brücke ausgesetzt sah, aufgenommen und im Skript verarbeitet werden. Der Drehbuchautor und die Produktionsfirma verweigerten das. Sie legen den Fokus lieber auf die neurotischen Facetten der Kommissare. International stieß der Serienerfolg auf großes Interesse. So bemühte sich eine britisch-französische Koproduktion mit der Serie »The Tunnel« nachzuziehen. Der US-amerikanische TV-Sender FX versuchte mit einem Remake den skandinavisch-deutschen Erfolg zu importieren, mit den deutschstämmigen Schauspielerinnen Diane Kruger in einer Haupt- und Franka Potente in einer Nebenrolle, Auseinandersetzungen um Drogenkartelle sowie einer Brücke zwischen Ciudad Juárez (Mexiko) und El Paso (Texas, USA).

Produktion SVT1, DR1, ZDF · Die Ausstrahlung der ersten Staffel startete 2012 im ZDF
Die vierte Staffel wird in Skandinavien seit Anfang 2018 gezeigt

Über die Öresundbrücke ist das schwedische Malmö von Kopenhagen aus in wenigen Minuten erreicht

02 Eleganz und Schlichtheit für die Wohnung

Schwedisches Design hat in Europa einen Ruf wie ein Donnerhall. Durch Ikea? Auch! Aber wer beim Bummel durch eine schwedische Stadt wie Malmö sein Augenmerk auf Möbel und Design legt, wird schnell sehen, dass der Bausatzmulti nur das Wiener Schnitzel unter den Sternerestaurants ist.

Der alte Marktplatz Lilla Torg ist wohl der malerischste in Malmö. Bunt gestrichene historische Fachwerkhäuser bilden ein Areal, das von Cafés, Restaurants und netten Geschäften gesäumt wird – und dem Hedmanska Gården, der im Sommer auch Freiluftkonzerte bietet. Dieses Gebäude aus der Mitte des 16. Jahrhunderts besteht aus vier Fachwerkhäusern und einem idyllischen Hof. Dorthin sollten die Besucher ihre Schritte lenken, die sich auf eine Entdeckungstour auf der Suche nach Formschönheit und makellosem Design begeben haben. Denn hier liegt der Eingang zur Werkstatt des Form/Design Centers, einem Tempel der Ästhetik und Formensprache, voller Möbel, Tapeten und Accessoires für die feine Wohnkultur. In einem Fernsehinterview auf seine Kopenhagener Mitbürger angesprochen, die nach der Eröffnung der Öresundbrücke praktisch zu seinen unmittelbaren Nachbarn geworden waren, und gefragt, wie er sie denn fände, die Dänen, antwortete ein Malmöer Seebär nach längerem Überlegen verschmitzt: »Geschwätzig!« Diese nüchterne Sicht auf das Dasein im Allgemeinen spiegeln schwedische Architektur und schwedisches Design auch im Besonderen wider. Der Entwicklung hin zu einer nachhaltigen Eleganz ging ein Wettstreit zwischen zwei durch das Bauhaus inspirierten, schwedischen Designern in den 1930er-Jahren des letzten Jahrhunderts voraus: Carl Malmsten (1888–1972), berühmt geworden für Sitz- und Küchenmöbel nach klassischen Vorbildern, und dem rund 20 Jahre jüngeren Bruno Mathsson (1907–1988), dem wichtigsten Vertreter des Funktionalismus. Gerade seine schlichten Entwürfe mit preiswerten Materialien wurden Vorbilder für alles, was auch heute noch in unseren Wohnstuben als modern gilt.

Form/Design Center · Hjulhamnsgatan 2 · 211 34 Malmö
Di–Fr 11–17, Do 11–18 und Sa/So 11–16 Uhr
www.formdesigncenter.com, form@formdesigncenter.com

Das Form/Design Center verkauft seit 1964 skandinavisches Design
Im Innenhof des Form/Design Centers laden Holzbänke zur Verschnaufpause ein

Auch Gänse können auf dem Weg nach Südeuropa eine Rast gut gebrauchen
Auf dem Zebrastreifen vor dem Gasthof von Skanör gebührt Gänsen der Vortritt

03

Ein imposanter Horizont

Es gibt Tage, da möchte unser Körper nichts anderes, als heruntergekühlt werden. Da dörren die Sonnenstrahlen die Haut in einem Maße aus, dass die Sehnsucht uns wie ein Magnet in ein Schwimmbad zieht. Ob das ausgerechnet eines wie das »Sibbarps Kallbadhus« sein muss? Was spricht für eine von profaner Industrie- und Hafenarchitektur umgebene hölzerne Pier, die ins Meer ragt? Nichts! Vor allem nichts für Schwimmromantiker. Aber etwas an dieser Badestelle südlich von Malmös Zentrum ist einzigartig: Statt des sonst typischen Blicks auf einen glatten Meereshorizont bietet sich linker Hand die volle Länge und dramatische Schönheit der Öresundbrücke.

Sibbarps Saltsjöbad · Sommarvägan · 216 11 Limhamn/Malmö · Mo–Fr 10–19, Sa/So 10–16 Uhr · Eintritt 65 SEK · **Kleines Café** · www.sibbarpssaltsjobad.se

04

Gänsemarsch auf dem Zebrastreifen von Skanör

Ganz im Südwesten des schwedischen Königreiches ragt die Halbinsel Skanör-Falsterbo in die Ostsee, die Umrisse erinnern entfernt an Sylt. Entspannte Urlaubsatmosphäre an langen Stränden, Kinder spielen im Sand, die Sonne glitzert auf dem Wasser. Mondäne Discos oder Appartementkomplexe sucht man hier vergeblich. Autofahrer stoppen beim Zebrastreifen für Gänse mit aufgemalten Gänsefüßen auf dem Straßenasphalt, gleich gegenüber dem Gasthof Skanörs Gästgifvaregård. Schließlich liegt Skanör auf einer vielbeflogenen Route für Zugvögel, von denen viele Millionen jährlich die Südwestspitze Schwedens überqueren. Einige legen hier eine Pause ein.

Tourism in Skåne · Stortorget 9 · 211 22 Malmö · www.skane.com
Skanörs Gästgifvaregård · Mellangatan 13 · Skanör · Tel. 040 47 56 90 · www.skanorsgastis.se

05 Wikingerabenteuer in der Trelleborg

Wolle färben, eiserne Schwerter schmieden, Drachenköpfe schnitzen, herzhafte Fischgerichte zubereiten. Die Wikinger waren nicht nur auf Raub- und Eroberungszügen unterwegs. Rund um die historische Trelleborg wird das Erbe der Nordleute gepflegt, die auch Bauern, Handwerker und Händler waren.

Zur Zeit des legendären Wikingerkönigs Harald Blauzahn, dem Sohn von Sven Gabelbart, soll die Trelleborg errichtet worden sein. Eine wuchtige, von Palisaden geschützte Festung mit Brustwehren, Schießscharten und einem Durchmesser von mehr als 140 Metern. Nach tausend Jahren des Vergessens wurden Überreste der historischen Befestigungsanlage wiederentdeckt, unweit des Fährhafens, von dem heute die Fähren nach Travemünde, Warnemünde, Rügen und Polen ablegen. Inzwischen ist ein Viertel der alten Wallanlage mit einigen Palisaden und Gebäuden rekonstruiert. Ein kleines Museum in der Västra Vallgatan zeigt, wie die Wikinger hier einst lebten. Wer Ende Juni in den Südwesten der Provinz Schonen reist, kann rauen Nordleuten ohne Gefahr für Leib und Leben persönlich begegnen. Zur Wikingerwoche im Freilichtmuseum Foteviken rund 20 Autominuten nordwestlich von Trelleborg wird gewerkelt, gekämpft und gefeiert. Schmiede zeigen, wie Wikinger Haken, Hämmer oder Speere aus Eisen formten. Im Lehmofen duftet frisch gebackenes Brot, Krüge und Teller aus Ton werden im Ofen gebrannt. Geschickte Hände verwandeln matte Bernsteinklumpen in glänzende Halsketten. Aus Leder entstehen geschmackvoll verzierte Taschen, Gürtel oder wärmende Kappen. Ersehnter Höhepunkt der sportlichen Wettkämpfe ist und bleibt der Fischweitwurf. Schon im Mittelalter soll der Markt von Trelleborg einer der größten Wikingermärkte Skandinaviens gewesen sein. Wer die Wikingergesetze von Foteviken anerkennt, kann auf Antrag zumindest zeitweise selbst Wikinger werden. Heute sind Toleranz, Offenheit und friedliches Verhalten wichtigste Voraussetzungen. Das war, wenn man einschlägigen historischen Aufzeichnungen vertrauen kann, bei den Wikingern nicht immer so.

Trelleborg Turistbyrå · Kontinentgatan 2 · 231 42 Trelleborg · Tel. 0410 73 33 20
www.trelleborg.se · **Museum:** www.fotevikensmuseum.se · geöffnet April–Oktober

Am höchsten Punkt der Stadt wurde eine alte Wikingerburg rekonstruiert

Keine leichte Aufgabe, die massive Säule in der Krypta des Doms abzustützen
Die astronomische Uhr mit dem Tierkreis gehört zu den Attraktionen im Dom

Zum Stemmen einer Kirche verdammt

06

Säulen tragen – manchmal gelingt ihnen das trotz Witterung und Katastrophen über Jahrtausende hinweg. Die meisten sind schlicht und stehen einfach nur still da. Bei manchen meint man, ihr Stöhnen beim Stemmen der ungeheuer schweren Auflagen zu hören. Nicht so im Dom zu Lund.

Diese Kirche am Lundagården ist nicht nur das älteste Gebäude der Stadt, sondern auch der größte und älteste Dom Skandinaviens. An seiner Ausgestaltung mit Chor und Kanzel waren, wie an vielen anderen Stätten unserer nördlichen Nachbarn, deutsche Künstler und Architekten beteiligt. Das Hauptinteresse zieht eine astronomische Uhr aus dem 14. Jahrhundert auf sich, die »Horologium mirabile Lundense«, deren Maria mit dem Kinde zweimal am Tag von den Heiligen Drei Königen umrundet wird, während Schalmeien »In dulci jubilo« schmettern. Auch die mit über 7000 Pfeifen in den 1930er-Jahren des letzten Jahrhunderts erbaute größte Orgel Schwedens findet im Dom gleich Beachtung. Sie allein würde einen Besuch dieser Kirche schon lohnen. Das größte Highlight verbirgt sich aber in der Krypta, die bereits 1123 geweiht wurde. Die frühen Baumeister haben in die Stützpfeiler der Krypta die märchenhafte Geschichte des Riesen Finn gemeißelt. Der Legende nach ging der heilige Laurentius, der als Erbauer der Kirche gilt, einen Pakt mit dem Riesen Finn ein.

Dieser besagte, dass der Riese beim Bau der Kirche helfen würde. Sollte es Laurentius aber nicht schaffen, bis zur Fertigstellung des Gotteshauses den Namen des Riesen herauszufinden, verlöre er sein Augenlicht. Da schlich Laurentius heimlich zur Frau des Riesen und hörte, wie diese ihren Mann beim Namen rief. Vor Zorn über diese Unachtsamkeit sprang Finn in die Krypta der Kirche und erstarrte dort an einer Säule zu Stein und seine Frau und sein Kind gleich mit ihm. Sie wirken dabei wie eingeschmolzen, so, als wollten sie den Pfeiler abstützen. Und so haben die Baumeister von damals geschickt die heidnische Sage zur Grundlage des christlichen Bauwerks werden lassen.

Kyrkogatan 4 · 222 22 Lund · Mo–Fr 8–18, Sa 9.30–17, So 9.30–18 Uhr
Glockenspiel tgl. 12 und 15, So 13 und 15 Uhr · www.lundsdomkyrka.se

Ein schöner Brunnen ziert den Platz vor der berühmten Universität von Lund
Domkirchenplatz mit dem neuen Kirchenforum

Die Stadt der goldenen Kehlen

07

Jeder zweite der 100 000 Einwohner von Lund ist ein Student. Lunds Uni, eine der ältesten Skandinaviens, ist international hoch angesehen und hat einen großen Reichtum an Traditionen vorzuweisen. Eine davon ist das Singen, vor allem in Chören. Ob im Park, in Sälen, in der Uni oder im eigenen Chorhaus.

Singen soll, wem eine Stimme gegeben, so der Volksmund. Es weite das Herz und sei eine Therapie gegen innere Verkrustungen. Ob die Einwohner Lunds und ihre Studierenden deshalb so glücklich sind? Oder ob es eine auf Traditionen beruhende Geborgenheit ist? Bis 2010 obligatorisch, ist es den Studenten heute freigestellt, in einer der »Nationer« genannten, regionalen Vereinigungen ihrer Wahl Mitglied zu werden. Das sind keine nationalistisch orientierten und erst recht keine schlagenden Verbindungen, sondern solche, in denen das gesellschaftliche, kulturelle und sportliche Leben der Stadt gestaltet wird – bis hin zu eigenen Cafés und Restaurants. International geadelt worden ist die Uni auch durch die Musik. Jeder, mit oder ohne Stimme, darf am 2009 gegründeten Lund International Students Choir teilnehmen – mit seinem populären Repertoire bekannt für unkonventionelle Auftritte auf Plätzen und in Parks. Der im Bereich Klassik qualitativ hochrangige »Akademiska Koer« ist aus dem Studienfach Kirchenmusik hervorgegangen. Dessen Mitglieder haben eine breite Szene entwickelt, die in kleineren Gruppen auch Jazz oder avantgardistische Popmusik pflegt. Getoppt wird der Lunder Gesang jedoch vor allem durch den großen Erfolg des Mitte des 19. Jahrhunderts gegründeten »Lunds Studentsångförening«, einem der besten Männerchöre des Landes. Oder, seit der Teilnahme an den »World Choir Games« in China im Sommer 2010, einer der besten weltweit. Denn er gewann in der Sektion für zeitgenössische Musik die Goldmedaille!

Das staatliche Hightech Laboratorium Max IV Lab der Uni Lund macht mittels hellster Röntgenstrahlen das »Unsichtbare sichtbar«. Wissenschaftler aus der ganzen Welt nutzen es. Das Besucherzentrum ist für alle zugänglich (www.maxess.se).

Lund Universität · Paradisgatan 2 · 221 00 Lund · www.lisc.se

08 Badepier mit Sauna zum Aufwärmen

Eine Badeanstalt im Meer, genauer gesagt am Ende einer 600 Meter langen Pier in den Öresund, das ist schon etwas Besonderes. Wer die lange Strecke auf den Holzplanken hinter sich gebracht hat, ist schon etwas aufgewärmt. Das kann nicht schaden, denn das Wasser des Öresunds ist recht erfrischend.

Eine der längsten, vielleicht sogar die längste Holzpier von Schweden, »Långa Bryggan«, führt beim Dörfchen Bjärred 600 Meter in den Öresund. An seinem Kopfende steht ein kleines Ensemble von Holzhäuschen mit Umkleiden, Sauna, einem Restaurant und herrlichen Rundumblicken über das Meer. Bei gutem Wetter und klarer Sicht sind Dänemarks 25 Kilometer entfernte Hauptstadt Kopenhagen im Westen und die im Juli 2000 eingeweihte Öresundbrücke im Süden auszumachen. Die Tradition des Meerwasserschwimmbads reicht schon mehr als 150 Jahre zurück, als Ausflügler mit Kutschen und bald darauf mit dem Zug aus Malmö in die Sommerfrische an die Küste fuhren, um hier Tennis zu spielen, zu picknicken, zu segeln und zu baden.

Doch die Zeiten änderten sich, später verfiel die Anlage und wurde erst vor rund 50 Jahren wiederbelebt. Seit der Jahrtausendwende zeigt sich das Saltsjöbad wieder in seiner alten, charmanten Schönheit, komplett restauriert, finanziert sowohl mit privaten Spenden als auch mit öffentlichen Mitteln. Ein gemeinnütziger Verein und die ehrenamtliche Arbeit vieler Mitglieder trägt das originelle Projekt.

Mitglieder des Vereins können die Badeanlage von 6 Uhr morgens, wenn noch die Frühnebel über dem Wasser aufsteigen, bis um 22 Uhr nutzen. Eine Holztreppe führt vom Wasser direkt zur Plattform mit Sauna und Restaurant. Gäste und Besucher sind während der Öffnungszeiten des Restaurants tagsüber willkommen. Bei den häufig recht frischen Luft- und Wassertemperaturen – soll ja für Körper und Geist sehr gesund sein – ist die Sauna verständlicherweise überaus beliebt. Aromatische Aufgüsse mehrmals am Tag steigern das allgemeine Wohlbefinden noch.

Föreningen Bjerreds Saltsjöbad · Box 22 · 237 21 Bjärred · www.bjerredssaltsjobad.se
info@kallbadhus.se · Tel. Restaurant 046 29 30 10

Wer die Badeanlage erreichen will, muss erst einmal 600 Meter auf der Pier zurücklegen
Im Restaurant lohnen die schwedische Küche und der Blick auf den Öresund

09 Mit dem Fahrrad zum Sterneggucken

In den Geschichtsbüchern gilt immer noch Kolumbus als Entdecker Amerikas, Eric den Wikinger nimmt man nur widerwillig zur Kenntnis. Ähnlich ist es mit dem Blick in die Sterne. Galileo und Kopernikus kennen viele, aber Tycho Brahe? Auf der Insel Ven ist er zu entdecken – am besten mit einem der 1200 Fahrräder am Anleger.

Eine Fährfahrt von Landskrona, wo Tycho Brahe 1546 auf Schloss Knutsdorp geboren wurde, zur Insel Ven, wo ihm König Frederik II. von Dänemark 1576 den Bau des Schlosses Uranienburg als Lehen sowie die unterirdische Sternwarte Stjerneborg finanziert hatte, ist ein Trip zu den Sternen und ihrem Verständnis. Denn die hat der seltsame Adelige schon im jugendlichen Alter erforscht und in selbstproduzierten Büchern dargelegt. Bereits mit zwölf Jahren schrieb sich der Tausendsassa an der Universität Kopenhagen für Philosophie und Rhetorik ein. Neben weiteren geisteswissenschaftlichen Studien an verschiedenen Universitäten in Deutschland und in der Schweiz begann er, inspiriert durch eine Sonnenfinsternis von 1560, sich für das Weltall zu interessieren. Zwar fehlte ihm schon seit seinem 20. Lebensjahr bedingt durch ein Duell in Rostock ein Teil seiner Nase, dennoch behielt er einen Riecher für die Ereignisse im Universum. Ohne Teleskope, die erst 50 Jahre später, auch aufgrund seiner präzisen Beobachtungen und Anweisungen, entwickelt wurden, entdeckte er im November 1572 im Sternbild Kassiopeia eine Supernova. Sie veranlasste ihn zu der Erkenntnis, dass das Universum nicht statisch ist – eine in dieser Zeit revolutionäre Entdeckung. Dass er ohne Teleskop die präzise Position des Mars bestimmte, zeigt seine Brillanz.

Von seinem Schloss und der Sternwarte blieben nur magere Mauerreste. Darum wurde das Tycho-Brahe-Museum, das sich dem Leben und Schaffen des berühmten Astronomen verschrieben hat, in der ehemaligen Allerheiligenkirche untergebracht. Der Weg dorthin führt zu Fuß oder mit dem Rad über Felder und durch Haine. Eine Tour in die Unendlichkeit? Eher ins Tycho-Brahe-Café. Das bietet den Sternenguckern zwischen 10 und 16 Uhr feine Leckereien zur Stärkung.

Tycho-Brahe-Museum · Landsvägen 186 · 260 13 Sankt IBB · www.tychobrahe.com
www.ventrafiken.se, www.cafetychobrahe.se

Auf Ven gibt es nicht viel Autoverkehr, ein ideales Terrain für kleine Fahrradtouren
Tycho Brahe Museet auf der Insel Ven in einer ehemaligen Kirche

In der Taphouse Garage gibt es Verkostungen, auch Burger sind im Angebot
Wechselndes Angebot und viele Geschmacksrichtungen ohne traditionelle Scheuklappen

Bierverkostung in der Mikrobrauerei

10

Wer hätte das gedacht. Auch in Schweden hat das Bier sein altertümliches Image abgestreift und ist aus Kneipen und Hinterzimmern zum angesagten Modegetränk aufgestiegen. Beflügelt durch gewagte Geschmacksexperimente, die sich nicht lange mit dem deutschen Reinheitsgebot aufhalten.

»Beim Bier ist es, ebenso wie bei vielen anderen Dingen, eigentlich recht unkompliziert«, meint Lukas Östberg. »Es ist Geschmackssache, du magst es oder du magst es nicht.« Die Erfolgsstory seiner weiter wachsenden Brauerei in Höganäs macht den Eindruck, als würden seine Biere sehr gut ankommen. Der weltweite Trend zu kleinen Brauereien, die Bier frisch für einen regionalen Markt brauen, hat auch in Schweden viele Nachahmer gefunden. Lukas Östberg verbindet in seiner modernen Brauerei an der Westküste Qualität und Handwerkskunst mit seiner Leidenschaft fürs Bierbrauen. Aktuell umfasst sein Sortiment zwölf verschiedene Biere. Das leichte Folköl, zu Deutsch Volksbier, ist sein sommerlicher Renner. Mit nur 3,5 Prozent Alkoholgehalt, deutlichem Hopfen- und leichtem Kräuteraroma, dazu dem Geschmack von Zitrusfrüchten und einem frischen und trockenen Finish, passt es geradezu ideal zur Mittsommernacht. Klar, dass Lukas auch IPA-Biere (Indian Pale Ale) braut, die Newcomer der letzten Jahre. Eigentlich ist das hopfige Bier ein alter Hut aus britischen Kolonialzeiten, doch junge Brauer in den USA gaben dem IPA mit einer Zitrusnote neuen Aufschwung und ein modernes Image. Das passt auch zum erfrischenden Sydafrikansk Pale Ale, das mit seinem ebenfalls geringen Alkoholgehalt bei vielen Strandpartys an der schwedischen Westküste zu den Favoriten gehört. In der Taphouse Garage finden die Verkostungen statt. Für Newcomer bietet sich jeden Freitag um 17 Uhr die »drop in-provning«, eine allgemeine Testverkostung, an. Mitarbeiter der Brauerei geben Einblicke hinter die Kulissen, führen durch die Brauerei und servieren Proben frisch gezapfter Biere unterschiedlicher Geschmacksrichtungen. Ach ja, immerhin kommt die Flaschenabfüllanlage der Brauerei aus Deutschland, dem Mutterland des Bieres.

Höganäs Bryggeri · Bruksgatan 36 · 263 39 Höganäs · Tel. 076 611 05 05
www.hoganasbryggeri.se · tgl. 11–19 Uhr

Die abenteuerlichen Konstruktionen aus Treibholz gehören zu »Ladonien«
Formschöne Töpferwaren mit eleganter Salzglasur – seit 175 Jahren

11

Kunstwerk aus Treibholz

Lars Vilks, schwedischer Landschaftskünstler, Bildhauer und früherer Kunstprofessor hat am Kattegat schon 1996 eine unter Künstlern anerkannte Mikronation gegründet: Ladonien. Das aus dem angeschwemmten Treibholz schon seit 1980 zu abenteuerlichen Holzskulpturen aufgetürmte Kunstwerk »Nimis« sollte als missliebiges Gebäude im Naturschutzgebiet Kullaberg abgerissen werden. Vilks, von Joseph Beuys und Christo unterstützt, erklärte es zum Staat, in dem »niemand lebt und alle Staatsbürger Nomaden sind«. Die Staatsbürgerschaft kann online beantragt werden – inzwischen gibt es bereits 20 000 Ladonier. Die Marx Brothers hätten ihre Freude daran.

Nimis · 56° 17' 16" N, 12° 32' 22" E · www.ladonia.org/nimis

12

Salzglasur und modernes Design

Als der nomadisierende Mensch sesshaft wurde, brauchte er Gefäße zur Aufbewahrung seiner Ernten und Vorräte. Er flocht Körbe und begann damit, die Erde zu Würsten zu rollen, sie aufeinanderzuschichten und zu brennen. Der Besuch der Keramikfabrik Höganäs Saltglaserat, in der seit über 175 Jahren Keramik produziert wird, gewährt einen tieferen Einblick in das Kunsthandwerk des Töpferns und der Salzglasur. Nicht zufällig hat Vieles Ähnlichkeit mit mediterranen Formen. Im Höganäs Keramiskt Center stellen außerdem zahlreiche Designer, die sich in und um Höganäs Saltglaserat angesiedelt haben, ihre modernen Interpretationen dieser Kunst aus.

Saltglaserat · Bruksgatan 36 V · Höganäs · Tel. 042 33 10 20 · www.saltglaserat.com
Keramiskt Center · Gärdesgatan 4 B · Tel. 042 33 080 · www.keramisktcenter.se

13 Die Kunst des Smörgåsbord

In Margretetorps Gästgifvaregård, einem gediegenen Landgasthof mit malerischem Umfeld in Hjärnarp, morgens aufzuwachen und zu wissen, dass der Tag mit einem der besten Smörgåsbord des Königreichs beginnen wird, kann nur eingefleischte Morgenmuffel schaudern lassen. Alle anderen werden frohlocken: Gott hat den Franzosen diesen Einstieg in den Tag vorenthalten und nach Skandinavien vergeben. Das »Butterbrot« (Smörgås) hält, wie inzwischen auch ein guter Brunch, von diversen Fischhappen wie Lachs oder Aal über warme Gerichte wie Köttbullar bis hin zu Käse, Kuchen und Obst alles vom Besten bereit, was die schwedische Küche zu bieten hat.

Margretetorps Gästgifvaregård · Kägle väg 9 · 266 98 Hjärnarp
Tel. 0431 45 44 50 · www.margretetorp.se

14 Draisinen-Tour durch lichte Laubwälder

Fahrradfahren ist gut für Kreislauf und Kondition. Romeleåsens Dressincykling heißt der kleine Anbieter, der Fahrradfahren mit einer Draisine auf den Schienen einer alten Bahnstrecke anbietet. Es geht durch Wälder mit sommerlichen Laubtunneln, ab und an mit einer Rastmöglichkeit abseits der Strecke. Die Geschwindigkeit wird durch die eigene Muskelkraft geregelt. Die Fahrten von jeweils etwa zweieinhalb Stunden Länge starten täglich um 9, 13 und 17 Uhr. Die rund 16 Kilometer lange Strecke zwischen den Örtchen Björnstorp und Veberöd ist locker zu schaffen. Anfahrt und Startpunkt werden auf der Webseite auf Schwedisch und Deutsch beschrieben.

Saison von April bis Oktober · Anmeldung unter Tel. 0705 74 76 22 (mobil)
www.dressincykling.se · Karte: www.dressincykling.se/karta

Wer die wunderbaren Speisen länger genießen will, übernachtet im Gasthof
Nebenstrecken ohne Gegenverkehr. Dennoch: Achtung bei Bahnübergängen

Die eindrucksvolle Steinsetzung bei Kåseberga stammt aus der Wikingerzeit
Schonen mit Regionalflagge und dem Banner Schwedens einträchtig im Wind

Ale Stenar – Grabanlage oder Sonnenkalender?

15

Ein Abstecher nach Kåseberga zwischen Simrishamn und Ystad lohnt sich. Für manche sind die regelmäßig gesetzten Findlinge ein schwedisches Stonehenge. Doch die in Form eines Schiffes angeordneten Steine stammen aus dem 6. Jahrhundert und sind demnach deutlich jünger als das südenglische Vorbild.

Die 70 mal 20 Meter große Steinformation auf einem 37 Meter hohen Hügel oberhalb der Ostseeküste besteht aus 59 von einst 60 bis zu zwei Tonnen schweren Felsbrocken. Aus der Luft betrachtet ähneln sie dem Umriss eines Schiffes. Dienten die mächtigen Steine als Begräbnisstätte, als Schiffssetzung oder als eine Art Sonnenkalender? Zumindest kann man mit Hilfe der Steinanordnung auch die Stunden des Tages und die Tage des Sonnenjahres bestimmen. Die Meinungen gehen auseinander, die offizielle Wissenschaft lehnt die These des Sonnenkalenders einhellig ab. Der Sandstein, soviel steht fest, muss in der Gegend um das heutige Simrishamn gebrochen und hierher geschafft worden sein. Keine leichte und eine eher langwierige Aufgabe. Andere Steine sind aus Granit und Gneis, der sich hier in Schonen nicht finden lässt. Inzwischen belegen auch die in der Anlage gefundenen und analysierten Feuersteine, eine Urne mit menschlichen Knochenüberresten und Tonscherben das Alter der gesamten Anlage auf gut 1400 Jahre. Weitere Funde deuten darauf hin, dass Ale Stenar möglicherweise Teil einer noch größeren Anlage gewesen sein könnte. Fragen über Fragen, die mangels schriftlicher Aufzeichnungen der Spekulation freien Raum geben.

So, wie sich Ale Stenar heute darstellt, hat es nicht immer ausgesehen. Mehrfache Restaurierungen und Ausgrabungen, die letzte im Jahre 2009, haben den Flugsand der Jahrhunderte abgetragen und umgestürzte Steine wieder aufgerichtet. Das gesuchte Gräberfeld, das die These einer Begräbnisstätte belegt hätte, wurde jedoch nicht gefunden. Vielleicht, so die Meinung einiger Wikingerexperten, war Ale Stenar keine eigentliche Grabanlage, sondern vielmehr eine Gedenkstätte für die vielen auf dem Meer gebliebenen Seeleute und Schiffsbesatzungen.

Ale Stenar · 271 78 Löderup · Visit Ystad Österlen · Simrishamn Touristenbüro
Tel. 041 481 98 00 · Ystad Touristenbüro · Tel. 041 157 76 81

Seit 2010 begeistert das Festival und lockt immer zahlreiche Besucher an …
… was vor allem am Mann mit der rötlich gefärbten Posaune liegt

Jazz unterm Sternenzelt

16

Schweden und Musik sind eine glückliche Verbindung. Das gilt nicht nur für ABBA und andere Stars und Sternchen der Popmusik, sondern vor allem für die Jazzmusik in all ihren Spielarten, die nicht nur in Europa große Publikumserfolge feiert. Jazzfestivals in Südschweden begeistern viele Musikfans.

Bekannt ist das »Ystad Sweden Jazzfestival«, das mit seinem Spitzenprogramm Anfang August viele Besucher sogar zu einem größeren Umweg verführt. Auf diversen Bühnen treten mehrere Tage lang nationale und internationale Jazzstars vor einem kundigen Publikum auf. Doch auch weiter im Osten, im früheren Fischer- und heutigen Künstlerörtchen Brantevik südlich von Simrishamn, strömen viele Einheimische und Urlauber zu Jazzkonzerten zusammen. Der auch in Deutschland bestens bekannte Posaunist und Bandleader Nils Landgren, der wegen seiner rötlich gefärbten Posaune den Spitznamen »The Man with the Red Horn« hat, veranstaltet in seinem Heimatort seit gut einem Vierteljahrhundert ein sommerliches »Jazz under Stjärnorna«, mit abendlichen Freiluftkonzerten unter dem Sternenhimmel. Dort, wo auf dem großen Rasenplatz von Branteviks Sportverein sonst ein Fußballtor steht, wird auf der Ladefläche eines LKW-Anhängers eine Bühne aufgebaut. Die Gäste bringen zu den Konzertevents an fünf aufeinanderfolgenden Sommerwochenenden im Juli und August Picknickkorb und Klappstuhl mit oder versorgen sich vor Ort mit Heringsbrötchen, Würstchen oder Kaffee und Kuchen und lauschen in locker entspannter Atmosphäre den exzellenten, überwiegend schwedischen Jazzkünstlern.

Wer eine Unterkunft in Brantevik sucht, sollte dies sehr lange im Voraus und bei Gasthöfen oder Ferienhausanbietern versuchen, doch auch Simrishamn oder kleine Dörfer wie Östra Tommarp bieten schwedische Gastlichkeit zu fairen Preisen. In Brantevik legt die Fischräucherei Branterögen am Hafen an Konzerttagen Sonderschichten ein. Tolle Musik und eine Stimmung wie auf einem harmonischen Familienfest – besser kann der schwedische Sommer nicht werden.

Brantevik Fußballplatz · Tickets vor Ort oder über eventim
www.jazzbrantevik.se, www.ystadjazz.se, www.nilslandgren.com

17

Daniel Berlin – Hohe Kochkunst im flachen Land

Die skandinavische Küche ist nach wie vor im Aufwind. In Schweden zaubern junge Köche nicht nur in Stockholm, Göteborg oder Malmö, sondern auch in kleinen Landgasthöfen der Provinz Geschmackserlebnisse auf die Teller, die auch professionelle Restaurantkritiker in Staunen versetzen.

Die kulinarischen Grüße aus der Küche, papierdünne Späne von fünf Jahre altem Karl-Johan-Käse, dann ein Schaumsüppchen von Pfifferlingen mit krossen Schinkenwürfeln und Wachtelei, gefolgt von einem Dill-Aioli-Dip und Kräuteröl mit kleinen, geschrubbten Möhrenstiften aus dem eigenen Garten, werden auf der von einer grünen Hecke eingerahmten Gartenterrasse serviert. Das Menü in der umgebauten Dorfschänke und die entsprechende Weinbegleitung ändern sich jeden Tag, je nach Marktlage. Im Speiseraum mit rustikalen Holzdielen und einer weiß-hellgrauen Balkendecke finden nur 18 Gäste Platz. Ein zweiter, ebenso großer Raum, durch einen Flur und die einsehbare Küche abgetrennt, ist Gruppen vorbehalten. An den Wänden sind wildchaotische Keramikskulpturen in verschiedenen Grüntönen ausgestellt.

Der ambitionierte junge Küchenchef Daniel Berlin hat seine Kochkünste schon in diversen Spitzenrestaurants unter Beweis gestellt. Seit einigen Jahren betreibt er nun sein eigenes, inzwischen sternegekröntes Gourmetrestaurant in der Provinz Schonen, 16 Kilometer nördlich von Ystad. Jeder Gang präsentiert ein eigenständiges Geschmackserlebnis, wie beispielsweise sein Lieblingsgemüse Blumenkohl, der roh als Carpaccio, geröstet oder als Creme daherkommt. Ein Gedicht sind die Filets von zart geräucherter Makrele mit Gurke, Blumenkohl, brauner Butter und wilden Kräutern. Das Ensemble aus grünen und Pferdebohnen begleiten halbgefrorener Meerrettich und ein Brokkoligelee. Die korrespondierenden, überwiegend französischen, rund hundert Weine auf der Weinkarte, stammen fast ausschließlich aus biodynamischem Anbau. Wer keinen Alkohol trinken möchte, bekommt zu jedem Gang einen passenden Fruchtsaft gereicht, sortenrein gepresst und ausschließlich von südschwedischen Obsthöfen stammend.

Daniel Berlin · Diligensvägen 21 · 273 92 Skåne Tranås · Tel. 0417 203 00
März–Juni und Sept.–Dez. Fr/Sa mittags, Mi–Sa abends · www.danielberlin.se

Zum Restaurant Daniel Berlin im ländlichen Schonen pilgern »Foodies« von weither
Kunstwerk aus Erbsen, Algen und Zwiebeln, gekrönt von essbaren Veilchen

18 Apfelbild beim Apfelmarkt in Kivik

Der kleine Hafenort Kivik, knapp 20 Kilometer nördlich von Simrishamn, ist wegen seiner historischen Grabanlagen und Steinsetzungen bekannt. Er liegt im Mittelpunkt ausgedehnter Apfelplantagen. Das Erntefest wird mit einem riesigen Apfelbild auf dem »Äppelmärknaden«, dem Apfelmarkt, gefeiert.

Emma Karp Lundström, die im Künstlerort Brantevik südlich von Simrishamn lebt und arbeitet, schafft schnell vergängliche Kunst – zumindest einmal im Jahr. Denn sie ist der künstlerische Kopf des weltbekannten Apfelbildes, das drei Wochen lang, von Ende August bis Mitte September Zehntausende Besucher des Apfelmarkts von Kivik erfreut. Mehrere Tonnen Äpfel verarbeiten sie und ihr Team zu einem gigantischen, mehr als 100 Quadratmeter großen Bild, das natürlich auch schon im »Guinness-Buch der Rekorde« steht. Am Montag vor der Eröffnung des berühmten Apfelmarktes kommen Emma und ihre Helfer, ausgerüstet mit Handschuhen und mehreren Thermoskannen Kaffee, nach Kivik. Bei jedem Wetter wählen sie die geeigneten Äpfel aus, pflücken sie und montieren sie mithilfe eines Gerüsts nach einem Bild, dessen Motiv die Künstlerin jedes Jahr neu auswählt, zur »Äppeltavlorna«. Mit rund 40 000 verarbeiteten Äpfeln ist es das größte Apfelbild weltweit, und bisher ist es immer nach fünf Tagen harter Arbeit im Laufe des Freitags fertig geworden. Zur Eröffnung des »Äppelmärknaden« am Samstag begeistert das riesige Kunstwerk schließlich die vielen Tausend Besucher des Apfelmarktes. Äpfel sind natürlich auch das immer wiederkehrende Motiv: sei es die Arbeit bei der Pflege der Plantagen und der Ernte, die Landschaft in der Provinz Skåne län mit ihren Obstplantagen, die Innenansicht einer riesigen, halbierten Frucht oder sei es der Apfel in der Bibel, der die Geschichte des Menschen erst ins Rollen gebracht hat.

Doch wie ausdrucksstark die Motive auch sein mögen, sobald sich die Äpfel verfärben, verliert das gigantische Bild seine Konturen. Die Äpfel werden abgeräumt, und alle – Einheimische und Besucher – alle können sich auf neues Tableau zum Apfelmarkt im kommenden Herbst freuen.

Apfelmarkt in Kivik jeweils an einem Wochenende Ende September · Mit Apfelpräsentationen und -verkauf, Cidreverkostungen und großem Musikprogramm · www.appelmarknaden.se

Die Fritiof Nilsson Piraten-Skulptur erinnert an einen bekannten Autor Süschwedens

In der beschaulichen Szenerie rund um Kivik fallen Kunstobjekte gleich ins Auge
Der kleine Küstenort Kivik liegt etwa 20 Kilometer nördlich von Simrishamn

Der Turmbau zu Kivik

Das Fischer- und Apfelörtchen Kivik an der östlichen Küste von Schonen hat bei Kunstinteressierten einen besonderen Ruf. Unweit der ländlichen Idylle ausgedehnter Apfelplantagen zeigt der Skulpturenpark des Kivik Art Centre moderne Kunst im Freien, die zuverlässig kontroverse Diskussionen auslöst.

Seit mehr als zehn Jahren begeistert und provoziert das Art Centre südlich von Kivik mit moderner Kunst im Freien. Der neueste Streich: das fünf Meter hohe Werk »Nine Towers for Jene« des amerikanischen Künstlers Sol LeWitt (1928–2007). Der Vorreiter des Minimalismus und der Konzeptkunst ist bekannt für seine Konstruktionen aus gleichförmigen Betonblöcken. Sein Werk ist in großen Museen vertreten, wie dem MoMA in New York, der Tate Modern in London oder dem Louisiana Museum of Modern Art nördlich von Kopenhagen. Den Beitrag für Skåne skizzierte er kurz vor seinem Tod 2007. Die fünf Meter hohe Turmgruppe besteht aus 4000 Blöcken, finanziert sich über Crowdfunding und wird derzeit aufgebaut. Kunstfreunde können sich ab einem Betrag von 17 Euro pro Stein als Sponsoren beteiligen. Ihre Namen werden auf der Webseite und, nach Fertigstellung, auch beim Kunstwerk selbst genannt. Sol LeWitts Werk ist das dritte, das in Kivik hoch hinaus will. Seit 2013 ziert die »Himmelstreppe« (Himlatrappan) des schwedischen Stararchitekten Gert Wingårdh den Park. Auch wenn man aus Sicherheitsgründen nicht bis zum Ende steigen darf, ist allein schon der Anblick der freistehenden Treppenstufen schwindelerregend und vermittelt eine Ahnung der eigenen Begrenztheit und die von etwas Höherem oder Freierem. 2008 entstand die »Sculpture for the Subjective Experience of Architecture«, eine Zusammenarbeit des englischen Architekten David Chipperfield mit seinem Landsmann, dem Bildhauer Antony Gormley. Von diesem Turm aus hat man so eine gute Aussicht über Kiviks Umgebung, dass sich ein entfernter Nachbar beobachtet fühlte und einen jahrelangen Rechtsstreit mit dem Art Centre führte, der erst 2017 zugunsten des Skulpturenparks entschieden wurde.

Kivik Art Centre · Rörum · Fridhem 1 · 272 95 Simrishamn
Tel. 073 184 02 00 · www.kivikart.se

20 Auf Kranichsafari im Wasserreich

Als der dänische König Christian IV. 1614 noch über Schonen herrschte, ließ er hier eine Stadt im Renaissancestil anlegen, die seinen Namen trug. Die Vögel interessiert Politik und Geschichte wenig, sie fühlen sich seit jeher wohl im »Vattenriket Kristianstad« mit seinen Seen, Feuchtgebieten und Flussläufen.

In den Ausflugsgummibooten mag es etwas eng sein, aber dafür ist die Sicht auf die Kraniche und die vielen anderen Vogelarten im Wasserreich Kristianstad umso besser. Vom Wasser aus eröffnen sich ganz neue Perspektiven auf die bis zu 7000 Kraniche, die hier alljährlich im Frühjahr nach ihrem Flug über die Ostsee rasten, um dann gestärkt weiter gen Norden zu ziehen. Wer hier zwischen Mitte März und Mitte April auf Fotopirsch geht, kann mit etwas Glück zwischen 3000 und 5000 dieser eleganten Langstreckenflieger gleichzeitig beobachten. Auf einer ganz- oder halbtägigen Kranichsafari mit dem Boot kann man sich Gebieten nähern, die zu Fuß nicht erreichbar sind. Und gerade hier führen viele Kraniche ihren spektakulären Paarungstanz auf. Schon von Weitem sind ihre lauten, Trompetensignalen ähnlichen Rufe zu hören. Klar, dass die begehrten Plätze für dieses ungewöhnliche Naturschauspiel begrenzt sind. Sehr frühes Reservieren ist daher angesagt. Wer bei seinem Schwedentrip die Tanzsaison der Kraniche verpasst hat, kann bei verschiedenen Anbietern auch normale Fotosafaris zu den Wasservögeln buchen, mit Boot oder Jeep. Was es dabei zu sehen gibt, ist natürlich von der Jahreszeit abhängig. Über das Jahr verteilt sind mehr als 250 Vogelarten im Wasserreich Kristianstad zu Hause. Keine Gefahr also, dass Besucher bei der Vogelbeobachtung leer ausgehen. Das zum UNESCO-Biosphärenreservat geadelte »Vattenriket Kristiansstad« beginnt nur wenige hundert Meter nordwestlich des Stadtzentrums. Beobachtungstürme und ein kleines Museum informieren über das Naturschutzgebiet und seine Bewohner. Auch ein nach dem Naturforscher Carl von Linné benannter Rundweg führt über sieben Kilometer meist trockenen Fußes durch das Wasserreich.

Infos zum Wasserreich und seinem ausgezeichneten Besucherzentrum mit verglaster Aussichtsplattform unter www.vattenriket.kristianstad.se/languages/tyska.php
Naturum Vattenriket · Naturumsvägen 2 · 291 00 Kristianstad

Tausende Kraniche rasten in Schweden, bevor sie wieder gen Norden weiterziehen
Im Mittelpunkt des Geschehens stehen sie vor allem während ihres Paarungstanzes

21 Unterwegs auf der Straße der »Schwarzen Steine«

Dolerit, der schwarze Granit, wurde schon Ende des 19. Jahrhunderts in der Region nördlich von Kristiansstad abgebaut. Ein Steinbruch beutete die Lagerstätte bis zu einer Tiefe von 75 Metern aus. Baugewerbe, aber auch Künstler schätzen die hohe Qualität des hier geförderten Gesteins.

Das markante schwarze Gestein, das gut eine Milliarde Jahre alt ist, inspirierte Künstler, Designer und Architekten. Es wird an Fassaden, aber auch zur Innendekoration von Gebäuden verwendet. Seine Farbe changiert zwischen hellem Grau und tiefstem Schwarz. Eine Herausforderung auch für Bildhauer aus aller Welt, die Hägghult aufsuchen. Von ihnen geschaffene Kunstwerke bevölkern die eher karge Landschaft und schaffen eine geheimnisvolle Atmosphäre. Christer Bording aus Boalt, nicht weit von Lönsboda, nutzt fast ausschließlich Dolerit für seine Objekte. Er hat schon für den Papst gearbeitet, aber auch für das Arbeitsamt in Kristianstad. Wer einen Garten hat, kann auch kleinere Figuren bei ihm bestellen. In den »Schwarzen Bergen« von Lönsboda steht seine aus vier Figuren bestehende Skulpturengruppe »Haben Sie's gehört?«. Der japanische Bildhauer Takashi Naraha hat vielen Plätzen und Orten Struktur gegeben. Seine Felsbrocken mit sprudelnder Quelle »Kraft des Wassers« stehen in Gelsenkirchen, ein hochaufragendes »Mandala« im schwedischen Kalmar. In Kristianstad, Lund und anderen schonischen Städten sind einige seiner Werke aus schwarzem Lönsboda-Granit zu finden. Eine Straße der Steine führt durch das »Königreich der Steine« (Stenriket), gesäumt von geheimnisvollen schwarzen Skulpturen vieler Künstler oder von Museen und Infotafeln, die die Geschichte des »Schwarzen Goldes« erläutern. In Osby findet man beispielsweise verschiedene Häuser mit Ornamenten aus schwarzem Granit. Eine Skulptur von Bård Breivik aus verschiedenfarbigem Stein soll an Ivar Bengtsson erinnern, den Gründer der BRIO-Spielzeugfirma. Wer will, kann diesem markierten, gewundenen Rundweg über hundert Kilometer kreuz und quer durch die Landschaft folgen.

Svarta Bergens Arbetslivsmuseum · Tranebodavägen 1 · 280 70 Lönsboda
www.svartabergen.se, auch auf Englisch
www.osbyturism.se · Stichwort »svarta-bergen«, auch auf Englisch

Skulpturen aus schwarzen Steinen des nahegelegenen Steinbruchs bei Lönsboda

Auch die Wegweiser sind praktischerweise aus dem schwarzen Granit geschlagen

Lachsfang per Hand an der Stromschnelle vor dem Lachsmuseum von Mörrum

Lachse und Auswanderer

22

Vom Südzipfel des Åsnen-Sees durchmisst der 185 Kilometer lange Mörrumsån Fluss weite Teile Smålands und Blekinges und mündet schließlich fünf Kilometer westlich des früheren Auswandererhafens Karlshamn in die Ostsee. Er gehört zu den besten Lachsrevieren Schwedens.

Karlshamn war im 19. Jahrhundert einer der wichtigsten Auswandererhäfen des Königreiches. Bittere Armut auf dem Lande, dazu Rechtlosigkeit und geistige Enge, beförderten die Auswanderung in die Neue Welt. Eine risikoreiche Reise ins Ungewisse für viele Tausend und doch attraktiver als das Elend, in dem sie aufwachsen mussten. Am Hamnpark schaut die Statue eines bronzenen Paares mit melancholischem Blick nach Westen über die Ostsee in die Ferne. Es stellt die beiden Hauptfiguren Karl-Oskar und Kristina aus dem ergreifenden mehrbändigen Auswandererepos des Schriftstellers Vilhelm Moberg dar, die sich Mitte des 19. Jahrhunderts mit vielen anderen in die USA aufmachten. Der Auswandererstrom ist lange versiegt, die gesellschaftlichen Verhältnisse haben sich geändert. Doch für die Lachse des Mörrumsån Flusses spielt das keine Rolle. Sie lieben den kurvenreichen Fluss und seine Stromschnellen. Der Fluss ist Geburtsort jedes fünften Ostseelachses. Sportanglern aus Schweden und vielen anderen Ländern ist der Reichtum an Lachsen rund um das Örtchen Mörrum nicht verborgen geblieben. So tummeln sich von Anfang April bis Ende September mehrere Tausend Angler aus aller Welt an den besten Fangplätzen. Die limitierten Angelkarten sind schnell vergriffen. Über die bis in die 1960er-Jahre betriebene, kommerzielle Lachsfischerei mit Fallen und Netzen an den Stromschnellen von Hönebygget lässt sich heute nur noch etwas im Museum erfahren. Der größte hier von Sportfischern mit der Angel aus dem Wasser gezogene Lachs wog immerhin 27 Kilogramm, Meeresforellen kommen zuweilen auf 15 Kilogramm.

Die Stromschnellen sind auch ein tolles Terrain für Kajakfahrer. Mehrere Anbieter verleihen Ausrüstung und veranstalten Touren für den Ritt auf den Schaumkronen.

Info Karlshamn · www.karlshamn.se/VisitKarlshamn · **Lachsfischen im Mörrumsån** www.sveaskog.se/de/morrum · **Outdoor- und Kajaktrips** · z.B. www.ursulasaventyr.se **Laxens hus (Lachsmuseum)** · Kvarnvägen 1 · 375 30 Mörrum · www.morrum.com

23 Kanusafari durch das Insellabyrinth

Das 15 Quadratkilometer großes Naturschutzgebiet inmitten der Inselwelt des Åsnen-Sees ist in Privatbesitz und umgeben von anderen Naturparks. Mit Ferienhäuschen, Campingplätzen, Aktivitäten in der Natur und einem modernen Servicezentrum, in dem auch Seminare und Konferenzen stattfinden.

Der »Värendsleden«, eine Kanuwanderstrecke, die sich über 120 Kilometer vom Åsnen-See im Norden entlang des Mörrumsån Flusses bis Fridafors im Süden erstreckt, gehört zu den schönsten Passagen, die von Getnö Gård aus auf dem Wasser möglich sind. Angebote von ein- bis zweiwöchigen Kanusafaris durch die Welt der tausend Inseln, mit Gutscheinen für diverse Campingplätze an Fluss- und Seeufern, mit Leihbooten und kompletter Ausstattung bringen auch Urlauber in Versuchung, die nur mit Badehose angereist sind und sich von der Naturidylle geradezu überwältigt fühlen. Natürlich geht es auch eine Nummer kleiner, es gibt Kurztrips von einigen Stunden bis hin zur Wochenendtour. Mit etwas Glück können Kanu- und Kajakfahrer auf ihrer Tour die »Åsnen Big Five« entdecken: Fischadler, Elch, Prachttaucher, Seeadler und Kranich.

In Getnö Gård wurde der ehemalige Kuhstall eines Bauerngehöfts zum Servicegebäude mit Shop, Café, Restaurant, Information, Konferenzräumen und einem kleinen Hofmuseum umgebaut. Rund 20 rustikale Ferienhäuschen mitten in der Natur nehmen Gäste auf, einige mit eigener Sauna oder mit Steg zum See, ebenso ein komfortabler, großer Campingplatz am Wasser mit 150 Stellplätzen, jeder mit eigener Feuerstelle. Naturwege am Seeufer oder durch die Wälder fordern zum Wandern oder zu Fahrradtouren heraus. Wer kein Fahrrad dabei hat, kann sich eines ausleihen. Der große Åsnen-See ist für seinen großen Fischreichtum bekannt: Hecht, Zander, Barsch, Aal und insgesamt etwa 20 Weißfischarten können mit Unterstützung von Angel-Guides oder allein, vielleicht von einem ausgeliehenen Boot und mit Ausrüstung gefischt werden. Kinder finden in der sommerlichen Hauptsaison im Wikingerclub ihr eigenes Vergnügen.

Getnö Gård · Lake Åsnen Resort · 362 96 Ryd
Tel. 0477 240 11 · www.getnogard.se

Die Inselwelt des Åsnen-Sees lässt sich am besten mit dem Kanu erkunden
Dahingleiten mit sanften Paddelschlägen – ein entspanntes Vergnügen

Das IKEA Museum von Älmhult zeigt die Design-Geschichte des Möbelhauses

Die Geschichte(n) rund um Billy, Klippan und Ivar

24

Eigentlich hat alles mit Köttbullar, Kartoffeln und Preiselbeeren angefangen, und zwar in der schwedischen Kleinstadt Älmhult. Hier begann 1943 der weltweite Siegeszug von IKEA. Und genau hier, im ersten IKEA Einrichtungshaus der Welt erzählt ein Museum die Geschichte des schwedischen Möbelhauses.

Die Ausstellung am Stammsitz des Konzerns lädt die Besucher zu einer Reise durch die mehr als 70-jährige Geschichte von IKEA ein. Diese Reise führt zurück zu den Anfängen des 17-jährigen Firmengründers Ingvar Kamprad, der zunächst Kugelschreiber, Brieftaschen, Bilderrahmen, Tischdecken, Uhren, Streichhölzer und Modeschmuck verkaufte. Nach vier Jahren kamen Möbel hinzu, die in der Provinz Småland an die Kunden versandt wurden. Der erste Katalog von 1951 ist zu sehen, wieder vier Jahre später konnten Kunden auch eigens für IKEA entworfene Stücke erwerben. Meist als Bausatz, mit Werkzeug zur Montage im eigenen Heim. Durch Boykottankündigungen schwedischer Möbelhäuser befeuert, drückte die Produktion vieler Möbel in Polen und anderen osteuropäischen Ländern die Kosten zusätzlich. Auch verschiedene Krisen konnte die Expansion nicht aufhalten, IKEA etablierte sich auch international als Modemarke für Möbel mit spezifisch skandinavischem Design. Im Museum geht es nicht nur um die Firmengeschichte, sondern auch um die Geschichten der Kunden, die mit Billy, Klippan und Ivar aufgewachsen sind und hier ihre ganz eigenen Lebensgeschichten erzählen. Klar, dass es neben der Ausstellung auch ein Restaurant gibt und zusätzlich einen Museumsshop mit Vintage-Produkten rund um die Geschichte von IKEA. Wer am aktuellen Angebot von Möbeln und Accessoires interessiert ist, findet, ebenfalls in Älmhult, ein neues IKEA-Möbelhaus, das auf 35 000 Quadratmetern das weltweit größte IKEA-Sortiment ausbreitet.

Wer seinen IKEA-Trip länger auskosten will, kann im IKEA Hotel nebenan übernachten – in 254 Zimmern, selbstverständlich mit IKEA-Möbeln eingerichtet. Es ist zwar nicht das größte Hotel Schwedens, aber immerhin Smålands.

IKEA Museum · IKEAgatan 5 · 343 36 Älmhult
www.ikeamuseum.com und www.ikeahotell.se

25 Nordeuropas längste Zipline am Little Rock Lake

Wälder gibt es im Norden von Småland reichlich, auch an Seen herrscht kein Mangel. Da fehlte eigentlich nur noch eine vernünftige Zipline, um durch Wälder und über Seen zu sausen. Aber im Ernst, Nordeuropas längste Zipline am Little Rock Lake hat es in sich. Ein echtes (Öko-)Abenteuer!

Es geht, gesichert mit Gurt und Karabinerhaken und auf einer Art Sitz an einem Tragseil, das mit einem statischen Sicherungsseil verbunden ist, durch den Wald. In fünf bis 50 Metern Höhe, nicht von einem Motor, sondern nur durch die Schwerkraft angetrieben, geht es zwischen Baumkronen hindurch und an Seen, Bächen und Büschen vorbei. Vögel betrachten die Eindringlinge erstaunt, mit etwas Glück lässt sich ein Elch oder ein Wildschwein blicken. Manche nennen es Seilrutschen, aber der englische Begriff Ziplining hat sich für diese Fortbewegungsart weitgehend durchgesetzt.

Schon die nackten Zahlen sind beeindruckend. Die Eigentümer der Anlage, Håkan Blad und Jonas Grahn, haben ein Netzwerk von 16 Ziplines durch die Wälder nördlich vom Little Rock Lake legen lassen. Sie können unterschiedlich kombiniert werden und bieten Abenteuer, die ganz auf den Mut und die Fitness der Teilnehmer zugeschnitten sind: zum Beispiel die grün-blaue Zipline mit gut einem Kilometer Länge und einer Geschwindigkeit bis zu 50 Stundenkilometern, die auch von Familien mit kleineren Kindern (ab fünf Jahren) zu bewältigen ist. Oder die rund zwei Kilometer lange Black Zip mit einer 25 Meter hohen, allerdings gut gesicherten Hängebrücke, die schon etwas mehr Adrenalin in die Blutbahn pumpt. Die rote Kamikaze Zip ist rund 2,5 Kilometer lang und kann, mit Pausen, in rund vier Stunden bewältigt werden. Die erste Herausforderung bei dieser Tour für besonders Mutige besteht darin, den 20 Meter hohen Startturm zu erklimmen. Lazy Fir heißt dann das erste 472 Meter lange Teilstück, bei dem die Teilnehmer, sicher angeschnallt, aber absolut nicht »lazy« eine Geschwindigkeit von rasanten 75 Stundenkilometern erreichen. Der höchste Punkt dieser Strecke liegt 52 Meter über dem Waldboden.

Little Rock Lake Nature Center · Bränderydsvägen Sawcreek Crownpark · 360 72 Klavreström
Tel. 0470 54 29 00 · www.swedenzipline.com

Ziplining »auf Augenhöhe« mit den Baumwipfeln – gut gesichert und aufregend

26 Nur 9000 Kilometer bis nach New York

Zwischen 1860 und 1930 verließen rund 1,3 Millionen Einwohner Schwedens ihre Heimat. Jeder fünfte sah für sich keine Perspektive mehr im Königreich – ein gewaltiger Exodus. Ein großer Teil stammte aus Småland und ging in Häfen im Süden, wie in Karlsham, an Bord der Auswandererschiffe Richtung New York.

Die Titel der vier Bände des packenden Romans über Auswanderer aus Småland von Vilhelm Moberg (1898–1973) »Die Auswanderer«, »In der Neuen Welt«, »Die Siedler« und »Der letzte Brief nach Schweden« lassen das dramatische Schicksal der 16 porträtierten Emigranten, die unter enormen Schwierigkeiten und Rückschlägen versuchten, in Minnesota Fuß zu fassen, nur erahnen. Allein in Schweden hat das in 20 Sprachen übersetzte Emigrantenepos eine Auflage von zwei Millionen erlebt. Im Auswandererhaus von Växjö wurde Mobergs Arbeitszimmer, in dem er die Auswanderersaga verfasste, rekonstruiert. Der Traum von Amerika, der viele Menschen dieser Zeit in ganz Europa erfasste, wird in der Ausstellung deutlich. Die industrielle Revolution hatte mit zeitlicher Verzögerung auch Schweden erfasst und ein schlecht bezahltes Proletariat geschaffen. Schlechte Ernten taten ein Übriges, geistige Enge und Gängelung förderten ein Klima, das die Auswanderung ins Ungewisse, nach Amerika, wie den Weg in ein »Gelobtes Land« erscheinen ließ. Dieser Weg war hart und konnte Monate im Bauch von Handelsschiffen bedeuten. Wer schließlich in New York angekommen war, hatte erst die Hälfte des Weges geschafft. Weiter ging es nach Westen, nach Chicago oder an die Großen Seen. Ein entbehrungsreiches Leben, das viele mit einem frühen Tod bezahlten. Erst spätere Generationen konnten die Früchte der Opfer der frühen Auswanderer ernten. Viele Nachfahren dieser ersten Emigranten besuchen heute Växjö und Småland. Mitarbeiter des Auswandererhauses bemühen sich, Verbindungen zu den Nachkommen der im Lande verbliebenen Familienmitglieder zu knüpfen.

Mammornas Café im Auswandererhaus serviert Speisen von Auswanderern, von Libanesen, die in Schweden eine neue Heimat gefunden haben.

»Utvandrarnas hus« · Vilhelm Mobergs gata 4 · 352 29 Växjö · Tel. 0470 70 42 00
Di–Fr 10–17, Sa/So 11–16 Uhr · www.kulturparkensmaland.se

Das Auswandererhaus von Växjö zeigt die einst beengten Lebensverhältnisse
Auch dem Autor der Saga »Die Auswanderer« wurde im Museum ein Denkmal gesetzt

Die mächtigen Elche können über zwei Meter groß und bis zu 800 Kilogramm schwer werden
Im Kosta Boda Art-Hotel gibt es auch Elche, allerdings künstlerisch verfremdet

Mit dem Fotoapparat auf Elchsafari

27

Die Wappentiere des Schwedischen Königreichs sind Löwen, doch eigentlich würden die majestätischen Elche besser passen. Zwischen 300 000 und 400 000 leben in den Wäldern des Landes. In mehreren Elchparks, wie bei Grönåsens, können Besucher sicher sein, einige Prachtexemplare zu Gesicht zu bekommen.

Vor allem im Herbst, zwischen September und Oktober, sollte man den mächtigen Gesellen in der freien Natur besser nicht zu nahe kommen. In der Brunftzeit sind die Elchgeweihe ausgewachsen, und die aufgeregten männlichen Tiere sind nicht nur an den paarungsbereiten Kühen, sondern auch an ihren Rivalen interessiert. Bis auf die Brunftzeit sind Elche eher Einzelgänger, die (für Menschen) unwegsames Gelände schätzen. Wer mit dem Auto auf einsamen Waldstraßen unterwegs ist, sollte nicht zu schnell und mit offenen Augen fahren. Dann sind die Chancen am größten, Elche in freier Wildbahn zu erleben, aber auch die Gefahr eines unliebsamen Zusammenstoßes. Kein Wunder, dass der Elchtest für Autos in Schweden Weltruhm erlangt hat. Im Elchpark von Grönåsens führt ein 1,3 Kilometer langer Waldweg rund um das Gehege. Vom Aussichtsturm aus dürfte sich die beste Gelegenheit bieten, gleich mehrere der beeindruckenden Tiere auszumachen, wenn sie auf eine Lichtung treten, einen Schluck Wasser am See trinken oder es sich im Unterholz des Föhrenwalds gemütlich machen. Mit etwas Glück kommen einzelne Tiere, deren Schulterhöhe bis zu 2,10 Meter erreichen kann, direkt an den grobmaschigen Zaun und lassen sich mit etwas frischem Blattgrün verwöhnen. Die Tiere im Grönåsens Wildpark müssen auch Herbst und Winter nicht fürchten, wenn bis zu 300 000 passionierte schwedische Amateurjäger ausrücken und Zehntausende zum Abschuss freigegebene Tiere erlegen, um die heimische Kühltruhe zu füllen. Dann empfiehlt es sich, bei Waldspaziergängen eine Signalweste zu tragen, um nicht einer Verwechslung zum Opfer zu fallen.

Glaskunst auf hohem Niveau im Kosta Boda Art-Hotel – vom Swimming Pools bis zur gläsernen Bar, zudem gutes Essen und eleganten Komfort. www.kostabodaarthotel.se

Grönåsen Älg- & Lantdjurspark · 2018 Grönåsen 2 · 360 52 Kosta
Tel. 0478 507 70 · www.gronasen.se/de

28 Glasbläsermahlzeit mit Musik

Hyttsil war mehr als ein Essen der Glasbläser nach getaner Arbeit. Es war gleichzeitig ein Ort, sich zu entspannen, sich mit den Jägern des Ortes und anderen zu treffen, etwas gemeinsam zu trinken und Geschichten zu erzählen. Eine Tradition, bei der heute auch Touristen willkommen sind.

Im Glasreich von Småland wird seit 1742 mundgeblasenes Glas gefertigt. Eine lange Tradition, die über die Generationen weitergegeben und immer wieder mit neuen Glasbläsertechniken und Designideen angereichert wurde. Doch es ist auch eine harte Arbeit unter belastenden Bedingungen und in großer Hitze. Die traditionelle »Hyttsil« der Glasbläser, zur Entspannung und zur Regeneration am Ende eines Arbeitstages, wird in vielen Hütten heute für Besucher organisiert. Die meisten Glasbläser sind dann, bis auf wenige Ausnahmen, schon auf dem Weg nach Hause. Einst wurden im Kühlrohr der langsam erkaltenden Öfen Salzheringe mit Kartoffeln aufgewärmt, Griebenwurst (schwedisch »Isterband«) gab es dazu, vielleicht etwas Käsekuchen. Man saß mit den Bekannten aus dem Ort zusammen auf Holzkisten. Geschichten und Lieder machten die Runde. Heute werden abends lange Tafeln gedeckt: Salzheringe mit Zwiebeln und Sahne, knuspriger Speck, Griebenwurst, Preiselbeerkompott, Ofenkartoffeln mit Gewürzbutter und schäumende Getränke kommen auf den Tisch. Als Dessert gibt es den smaländischen Käsekuchen mit Erdbeerkompott und Schlagsahne. Oft beginnt der Abend mit einem Begrüßungsgetränk in einem Glas aus der Glashütte, das die Gäste behalten dürfen und an diesem Abend auch noch gravieren lassen können. Zum Nachtisch tritt ein Troubadour auf, der smaländische und schwedische Lieder zum Besten gibt. Glasbläser zeigen ihr Können, mutige Gäste dürfen sich unter Anleitung an der glühenden, flüssigen Masse versuchen. Klar, dass auch der Glas-Shop noch kurz für den Einkauf geöffnet wird, mit Sonderrabatt, versteht sich.

Die Glashütte Boda im Museum The Glass Factory lädt regelmäßig Glaskünstler ein, die vor Ort Proben ihres Könnens geben. www.theglassfactory.se

Glashütte Pukeberg · Pukeberg · 382 34 Nybro
Tel. 0481 169 00 · www.hyttsillen.com

Glasbläser, ein »heißer« Job, der handwerkliche Meisterschaft erfordert
Heute kommen zum Arbeiteressen »Hyttsil« Weine und feine Bestecke auf den Tisch

Gräberfeld von Gettlinge auf der Insel Öland mit imponierenden Schiffsetzungen
Ländliche Idylle auf Öland mit falunroten Ferienhäuschen und Apfelbäumen

Gräberfeld mit guter Aussicht

29

Die Aussicht auf den Kalmarsund im Südwesten der langgezogenen Insel Öland könnte nicht schöner sein. Doch die »Bewohner« der Anlage konnten sie nicht genießen, sie waren tot. Im großen Gräberfeld von Gettlinge sind Menschen von der späten Eisenzeit an über 2000 Jahre lang bestattet worden.

Das rund zwei Kilometer lange Gräberfeld liegt auf einem Kalksteinplateau zwischen den heutigen Dörfern Klinta, Gettlinge und Gårdstorp. Auf Schwedisch wird das Gräberfeld deshalb »Gettlinge gravfält« oder »Klinta gravfält« genannt. Im nördlichen Teil findet man sogenannte Richterringe, bestehend aus runden Felsbrocken, die wiederum auf drei kleineren Steinen ruhen. Für Archäologen der Beleg, dass diese Grabstätte schon vor rund 3000 Jahren und bis in die Wikingerzeit genutzt wurde. Neben einer Schiffssetzung stehen zwei hoch aufragende Kalksteinplatten, andere Schiffssetzungen haben eine eher rechteckige Form, zusätzlich gibt es einige aufgerichtete, plattenähnliche Steine. Viele Grabstätten wurden als Steinbruch genutzt oder von Schatzsuchern zerstört. Von etwa 250 Gräbern sind heute etwa 200 erhalten. Auf einer imponierenden, 30 Meter langen Schiffssetzung, die aus 23 dicht nebeneinanderstehenden Granitsteinen besteht, befinden sich etwa 20 schalenförmige Vertiefungen. Immer wieder hat es kleinere archäologische Untersuchungen gegeben. So wird das Gräberfeld in der 1634 erschienenen Schrift »Monumenta runica in Ölandia« erwähnt. Auch Carl von Linné, eigentlich Naturforscher und Botaniker, hat hier im Jahre 1741 ein Grab untersucht. Im Jahr 1900 hat eine Forschergruppe in 15 Steinhügelgräbern Überreste von meist männlichen Verstorbenen gefunden. In dem durch eine doppelte Lage Decksteine am besten erhaltenen Grab war der Tote vor ca. 3000 Jahren mit seinem Hund, zwei Speeren, einem Schild und Sporen bestattet worden. Eine umfassende und systematische Analyse, die es bisher noch nicht gab, könnte vielleicht weitere Erkenntnisse über die Besiedlung und frühe Kulturen in diesem Teil Skandinaviens an den Tag bringen.

Södra Möcklebyvägen · 386 63 Mörbylånga
www.oland.se/de/graeberfeld-gettlinge

30 Ab in die Eisenzeit – Burg Eketorp auf Öland

Auch wenn in der rekonstruierten Ringfestung, die von der Eisenzeit bis zum Mittelalter bewohnt war, schnell klar wird, dass der Alltag in einem befestigten Bauerndorf vor rund 2500 Jahren alles andere als einfach war, ist der Besuch für Familien mit Kindern meist ein großes und auch lehrreiches Vergnügen: Bogenschießen, Hufeisenwerfen, Schwertkampf, Tauziehen, Brot backen oder Runen malen lassen keine Langeweile aufkommen. Und angetan mit Kampfhelm und Kettenhemd wären die meisten heute schon vor dem Kampf erschöpft. Auch Nutztiere bevölkern die Befestigung, und im Museum wird die Geschichte der Burg und ihre Entwicklung erklärt.

Eketorps borg · 386 64 Degerhamn · Tel. 0485 66 20 00 · www.eketorp.se
geöffnet Mitte Juni–Mitte August

31 Zum Konzert in die Ruine

Eine Schlossruine wie eine Theaterkulisse. In diesem Fall stimmt es, denn das 1572 auf dem Fundament einer alten Burg errichtete und vor gut 200 Jahren ausgebrannte Barockschloss Borgholms Slott umgibt vor allem in der Dämmerung schwedischer Sommerabende eine eigentümlich romantische, geheimnisvolle Atmosphäre. Die wussten schon Opern- und Popstars wie Malena Ernman oder Roxette für ihre umjubelten Konzerte zu nutzen. Auch die Besucher der Ausstellungen zur 900-jährigen Geschichte von Burg und Schloss und der restaurierten Innenräume spüren das. Für Familien mit Kindern gibt es im Sommer Workshops zum Leben im Mittelalter oder über höfische Sitten.

Borgholms Slott · 387 22 Borgholm · Tel. 0485 885 00
www.borgholmsslott.se

Die strohgedeckten Häuser in der alten Ringfestung sind gut rekonstruiert
Prächtige Kulisse für sommerliche Konzerte und Workshops

32

Mörderische Ostseeinsel

»Nachdem ich im Fernsehen immer nur Nachrichtenmeldungen geschrieben und vorgetragen hatte, wollte ich aus diesem Format ausbrechen. Kriminalromane interessierten mich schon immer. Schließlich saß ich einem Lektor gegenüber. Dann klingelte eines Tages mein Telefon. Sie wollten mein Buch tatsächlich drucken.«

Mari Jungstedt, schwedische Bestsellerautorin, deren Krimis auf der Insel Gotland spielen, schließt die Augen. »Wunderbar, ich mag dieses Aroma von frisch gebackenem Brot. Zu Hause backe ich regelmäßig.« Im traditionellen Värdshuset Lindgården in der Altstadt von Visby gibt es dazu bunten Salat mit Pfifferlingen und geröstetem Elchschinken, danach marinierten Gotland-Lachs mit Senfdressing und in Sahne eingekochte Morcheln. Die frühere TV-Journalistin konzentriert sich inzwischen ganz auf das Schreiben. »Schon vor einigen Jahren habe ich mit der Arbeit beim Fernsehen aufgehört«, sagt

Bestsellerautorin Mari Jungstedt auf dem »Svenska Deckarfestival«

sie, »ich habe einfach nicht mehr genug Zeit«. Die spannenden Thriller um einen gotländischen Kommissar ziehen Millionen Leser weltweit in den Bann. »Gotland steckt voller Geheimnisse«, erzählt Mari. »Ausgrabungsstätten fördern immer neue Fundstücke aus der Steinzeit oder der Wikingerära zutage.« Auch kulinarisch hat die große Insel vor der schwedischen Festlandsküste einiges zu bieten. »In Visby gibt es eine eigene Brauerei, ein Weingut, Rum aus Zuckerrüben, köstliche Pralinen, Käse, im Osten finden Hunde mit guten Nasen sogar Trüffel. Das gotländische Lamm gilt in ganz Schweden als Delikatesse.« Das Zentrum der Inselkapitale und früheren Hansestadt mit steinernen Torbögen, Ruinen gotischer Kirchen und Klöster sowie einer fast 800 Jahre alten, mit 44 Wehrtürmen befestigten Stadtmauer gehört zum UNESCO-Weltkulturerbe. Auf dem Rückweg zum Hotel durch das nächtliche Visby wirkt das Gemäuer wie eine unheimliche Kulisse, in der die grausigen Verbrechen in Mari Jungstedts Romanen vorstellbar erscheinen.

Seit 2006 sind mehrere Staffeln von »Der Kommissar und das Meer« mit Walter Sittler in der Rolle des Kommissar Anders auf Gotland produziert worden.

Gotlands Turistförening · Donners plats 1 · 621 56 Visby · www.gotland.com/en
Infos zu Mari Jungstedt: www.marijungstedt.com, www.lindgarden.com

Sonnenuntergang vor Visby

Die Kulisse von Visby mit seinen gotischen Ruinen im Hintergrund

33 Trüffel und Rotwein

Auf Gotland finden Archäologen nicht nur Silberschmuck, Werkzeuge und Waffen aus Wikingerzeiten in der Erde. Im Osten erschnüffeln Hunde mit guten Nasen sogar Trüffel. Und ganz im Süden, bei Hablingbo, wächst Rotwein auf kalkhaltigen Böden.

Südlich des Fischerhafens Katthammarsvik liegt die Sommerfrische Ljugarn. Vor allem im Herbst reisen Feinschmecker aus ganz Schweden zu Rickard Hasselblad, Patron des Smakrike Krog. Seine Trüffelmenüs sind legendär. Doch vorher geht es mit Ragnar, Camilla und der Trüffelhündin Lizzy auf Trüffelsafari. Fahrende Mönche oder aus dem Süden zurückgekehrte Wikinger sollen einst Trüffel aus dem Mittelmeerraum nach Gotland mitgebracht haben, die dann hier heimisch wurden. Ein von Haselnusssträuchern gesäumter Waldweg lässt Lizzy unruhig werden, sie fährt mit der Schnauze in ein hastig gebuddeltes Erdloch. Doch Ragnar ist schneller, schnappt ihr den kostbaren Schlauchpilz weg und belohnt sie mit einem Hundekeks. Eine halbe Stunde später sind ein Dutzend Bourgogne-Trüffel beisammen. Die meisten gehen an Restaurants bis nach Kopenhagen, Göteborg und Stockholm, andere nach Visby, einige bekommt der Smakrike Krog, schließlich arbeitet Camilla dort als Sommelière. Das mit den gerade gesammelten Trüffeln, Ackerbohnen und Puy-Linsen zubereitete Risotto zum panierten Kalbsbries schmeckt einfach köstlich. Auf Gotland, so bestätigt Camilla, wächst auch ein passabler Wein. Lauri Pappinen, hat zur Jahrtausendwende die ersten Reben bei Halingbo gepflanzt. Heute zieht er im Gut Vingård, dem nördlichsten kommerziellen Weingut Europas, jährlich 8000 bis 10 000 Liter Wein auf Flaschen. Der Weiße heißt »Kalk«, nach dem Kalkstein in der Gegend, der Rosé »Rauk«, benannt nach den Bildersteinen der Wikinger und der Rote »Lukase«, nach dem alten Wort für Haus.

Mehrere regionale Restaurants haben Gute-Vingård-Weine im Angebot. Und Lauris Destillate, darunter ein wunderbarer Grappa, konnten bei Wettbewerben bereits Gold- und Silbermedaillen erringen.

Smakrike Krog · Claudelins väg 1 · 623 25 Ljugarn · www.smakrike.se
Trüffelsafari · www.gotlandstryffel.se, www.tryffelsafari.se
Gute Vingård · Hablingbo Hallbjäns 855 Gamla Mejeriet · 623 42 Havdhem · www.gutevin.se

34 Die Jungfrau von Lickershamn

Den Naturforscher Carl von Linné (1707–1778) erinnerten die Kalksteinfelsen an »Statuen, Pferde und allerlei Geister und Teufel«. Vor allem auf Gotland und einigen Nachbarinseln sind die Säulen und Figuren aus Kalkstein zu finden, eigenwillige Überbleibsel einer Jahrmillionen langen Erdgeschichte.

Raukar heißen in Schweden die eigentümlich geformten Felsgebilde, die wie Säulen, Nadeln, Türme oder Pfeiler daherkommen und die von Wind und Wetter geformt wurden. Viele der oft bizarren Figuren ähneln entfernt Tieren oder Sagengestalten, sie tragen Namen wie der »Alte von Hoburg« ganz im Süden der Insel, der »Hund« oder das »Tor«. Beim Fischerhafen Lickershamn im Nordwesten steht Gotlands höchster Rauk, die sieben Meter hohe und 20 Meter über dem Meer aufragende »Jungfrau«, um die sich auch eine Sage rankt. Einige der Raukars unterschiedlicher Größe findet man hingegen nicht direkt an der Küste, sondern im Hinterland, wo sie wie von Menschen geformte Felsmonolithen in der Landschaft stehen. Um das Phänomen der Felsformationen zu erklären, muss man sehr weit in die Erdgeschichte zurückgehen. Vor mehr als 500 Millionen Jahren schob sich der Kontinent Baltika, aus dem später auch Skandinavien entstehen sollte, langsam nach Norden. Kalkablagerungen eines riesigen Korallenriffs an seinen Rändern bildeten eine mächtige Kalksteinschicht. So können Spaziergänger noch heute im Kalkstein der Raukars oder unter den Kieseln am Strand Fossilien finden, versteinerte Muscheln, Knopfkorallen oder Seelilien.

Viele schön gestaltete Raukar stehen auf Fårö, der nördlichen Nachbarinsel von Gotland. Auch die Insel Öland im Süden weist über hundert kleinere Raukar auf.

Nach der letzten Eiszeit begann sich das Kalksteinplateau, vom tonnenschweren Druck des Eises befreit, langsam zu heben. Der Wind, die Temperaturunterschiede der Jahreszeiten und die im Regenwasser enthaltene Kohlensäure (saurer Regen) setzten dem leicht porösen Kalkstein zu. Die Erosion schuf in vielen tausend Jahren Hunderte von eigentümlich anmutenden Figuren an den Rändern der Ostseeinsel.

Jungfrau von Lickershamn · 5 Min. vom Promenadväg in 62442 Lickershamn
www.gotland.net/plats/jungfrun-i-lickershamn

Beim auf den Namen »Jungfrau« getauften Felsen ist etwas Fantasie gefragt

Tausende Besucher kommen zu dem Pfarrhof, auf dem Astrid Lindgren aufgewachsen ist
Der Garten von Astrid Lindgrens Elternhaus ist noch heute eine Quelle der Inspiration

Rast unter dem Limonadenbaum

35

Die erfolgreichste Kinderbuchautorin der Welt und geistige Mutter von Pippi Langstrumpf und Michel aus Lönneberga ist auf dem Hof Näs bei Vimmerby geboren und aufgewachsen. Ihr Elternhaus steht noch. Einen Katzensprung entfernt ist »Astrid Lindgrens Värld«, ein Themenpark zu den Figuren aus ihren Romanen.

Das falunrote Pfarrhofpächterhaus der Eltern steht noch immer, inzwischen natürlich bestens restauriert. Und es ist noch immer von einem großen Garten umgeben. Hier hat Astrid mit ihren Geschwistern getobt und das »Den-Boden-nicht-berühren-Spiel« erfunden. Hier ist sie auf den »Limonadenbaum« geklettert, der später bei Pippi Langstrumpf auftauchen sollte, und hat in seinem Schatten – in Wirklichkeit war es eine Ulme – gelegen und gelesen. Ihre glückliche Kindheit, zusammen mit den Geschwistern Gunnar, Stina und Ingegerd, hat Astrid Lindgren als Schlüssel ihres späteren Erfolgs gesehen. »Zweierlei hatten wir, das unsere Kindheit zu dem gemacht hat, was sie gewesen ist – Geborgenheit und Freiheit.«

Mehr als 50 Kinderbücher hat Astrid Lindgren (1907–2002) geschrieben, mit einer Gesamtauflage von rund 160 Millionen Exemplaren. Dabei hätte ihr Leben auch ganz anders verlaufen können. Ein Job als Volontärin bei der örtlichen Zeitung endete für die 18-Jährige mit einer Schwangerschaft. Den Vater und Verleger heiratete sie jedoch nicht. Die Karriere als Schriftstellerin nahm mit »Pippi Langstrumpf«, einem selbstbewussten, gewitzten und kreativen Mädchen, einen steilen Aufschwung. Pippi entsprach so gar nicht dem braven bürgerlichen Idealbild.

Bei einer Führung können Besucher das Haus ihrer Eltern Samuel August Ericsson und seiner Ehefrau Hanna besichtigen und durch den wunderschönen, offenen Garten schlendern. Ihr Leben und Werk sind in einem Ausstellungspavillon nebenan nachgezeichnet. »Der Tod und die Liebe gehören zu den großen Dingen im Leben eines Menschen«, sagte sie einmal in einem Interview. »Man soll Kindern keine Angst machen, aber sie müssen genauso wie Erwachsene von Kunst ergriffen werden.«

Astrid Lindgrens Näs · Prästgårdsgatan 24 · 598 36 Vimmerby
Tel. 0492 56 68 00 · www.astridlindgrensnas.se

36

An Bord der »Hoppetosse«

Im Freizeitpark »Astrid Lindgrens Värld« in Vimmerby sind die Schauplätze ihrer Erfolgsromane aufgebaut, natürlich Pippis Villa Kunterbunt, Bullerbü und die Krachmacherstraße. Auch die »Hoppetosse«, das Piratenschiff von Pippis Vater Efraim, ist hier vertäut. Die Südsee liegt direkt am Teichufer gegenüber.

Ein richtiges Piratenschiff ist die »Hoppetosse« nur mit viel Fantasie. Aber die kann bei der Lektüre von Astrid Lindgrens Kinderbüchern ohnehin nicht schaden. Eigentlich ist die »Hoppetosse« nur ein müder Fischkutter, doch Pippi hatte, wie man nachlesen kann, ernsthaft vor, mit ihrem Vater Efraim Langstrumpf Richtung Taka-Tuka-Land auszulaufen. Erst im allerletzten Moment entscheidet sie sich dagegen, als ihre Freunde Tommi und Annika so traurig waren und deshalb in Tränen ausbrechen mussten. Knapp eine halbe Million Besucher lassen sich in der »Welt von Astrid Lindgren« in den Sommermonaten verzaubern. Sie wandern durch den tiefen Räuberwald, erkunden die Mattisburg, stehen vor Karlssons Dach, tänzeln über den Nicht-den-Boden-berühren-Parcours, schleichen sich an der Wolfsklamm vorbei, besuchen Michel (der in Schweden Emil heißt) auf dem Hof Katthult, stürmen die putzigen Häuschen von Bullerbü oder unternehmen eine Tour durch die Schärenwelt nach Saltkrokan. Verschiedene große und kleinere Freilichtbühnen geben, zumindest in der Hochsaison, täglich bis zu 50 Vorstellungen rund um Astrid Lindgrens Geschichten. Immer mit viel Musik und auf Schwedisch, doch ganz ohne Verständigungsschwierigkeiten. Die kleinen und großen Zuschauer von nah und fern kennen die Handlung fast besser als die Schauspieler und gehen begeistert mit. Wer doch noch eine Wissenslücke entdeckt, kann sie in der Buchhandlung an der Skolgatan schließen. Hier gibt es (fast) alle Bücher von Astrid Lindgren, von »Kalle Blomquist« und »Ronja Räubertochter« bis zu den »Brüdern Löwenherz«, und das nicht nur auf Schwedisch.

Lilla Staden, die winzige kleine Stadt, so heißt die 2017 eröffnete Unterkunft mit typischen Holzhäusern, wie sie in fast allen Lindgren-Romanen vorkommen.

Astrid Lindgrens Värld · 598 85 Vimmerby · Tel. 0492 798 00 · geöffnet Mai–September
www.astridlindgrensvarld.se, www.astridlindgrensvarld.se/boende/den-lilla-staden

In »Astrid Lindgrens Värld« sind die Kulissen ihrer Kinderbücher nachgebaut
Die »Hoppetosse« gibt es wirklich, aber in See stechen könnte man damit nicht

In der überschaubaren Stadt Eksjö gibt es viele Holzhäuser, Hektik weniger

In einigen der lauschigen Hinterhöfe werden auch Kaffee und Kuchen angeboten

37

Die Innenhöfe von Eksjö

Schwedisches Holz brennt sehr gut. Das mussten die Einwohner von Eksjö mehr als einmal in ihrer langen Geschichte erfahren. Da kann man von Glück sagen, dass die Stadt nach teilweise verheerenden Bränden immer wieder aufgebaut wurde und dass noch so viel von der alten Holzarchitektur erhalten ist.

Im Krusagården aus dem 17. Jahrhundert sitzen die Besucher im Sommer an runden Holztischen im baumbeschatteten Innenhof und lassen es sich gutgehen. Einst wurden hier nahe des nördlichen Stadttors Waren umgeschlagen, später in einem Gasthof Bier ausgeschenkt. Glücklicherweise konnten die Pläne, hier ein Warenhaus zu errichten, vereitelt werden. Der Fornminnesgården in der Arendt Byggmästares Gata gleich um die Ecke ist heute Stadtmuseum. In ebenfalls im 17. Jahrhundert angelegten Hof gab es lange eine Kupferschmiede. Geradezu eine Oase in der Stadt ist auch der Hof des nahegelegenen Aschanska Gården, in dem die Gerber- und Ratsherrnfamilie Aschan lebte und ihr Lager untergebracht hatte. Die Garnisonsstadt Eksjö war dem dänischen Feldherrn Daniel Pantzaus im Nordischen Siebenjährigen Krieg ein Dorn im Auge. Kurzerhand ließ er 1568 den Ort niederbrennen. Doch schon ein Jahr später wurde er auf eine nahe Anhöhe verlegt und wieder komplett aufgebaut. Auch wenn der Stadt weitere Zerstörungen und Brände zusetzten, der Stadtteil nördlich der Kirche am Stora Torget mit seiner typischen Holzarchitektur ist erhalten geblieben. Rund 60 Gebäude in der Altstadt sind denkmalgeschützt, deren Geschichte reicht manchmal bis in das 17. Jahrhundert zurück. Der Grundriss dieses Viertels mit kopfsteingepflasterten Gassen, Märkten und Höfen stammt noch aus der Gründungszeit. Eine große aufstrebende Stadt ist der spätere regionale Handelsplatz für Ochsen nie geworden. Dafür ist im Zentrum seine gemütliche Atmosphäre mit gelb, grau oder falunrot gestrichenen Holzhäusern erhalten geblieben.

Das Lilla Caféet in der Altstadt von Eksjö (Norra Storgatan 24C) backt hervorragenden Kuchen. Mittags gibt es kleine hausgemachte Snacks, Salate und Suppen.

Eksjö Turistbyrå · Norra Storgatan 29 B · 575 80 Eksjö
Tel. 0381 361 70 · www.visiteksjo.se

38 Früher Festungshaft, heute freundliche Unterkunft

Als die Festung vor über 350 Jahren schließlich fertig war, wurde sie nicht mehr gebraucht. Das nie von Angreifern zerstörte Fort ist deshalb auch besonders gut erhalten. Heute existieren innerhalb der dicken Mauern die Jugendherberge, ein Restaurant und das kulturhistorische Museum friedlich nebeneinander.

Für den schwedischen Bischof Esaias Tegnér war Varberg 1826 ohne Zweifel der hässlichste Ort im ganzen Königreich. Seitdem sind fast 200 Jahre vergangen, und inzwischen konnte die Kleinstadt an der buchtenreichen Kattegatküste diverse Preise für gelungenes Stadtdesign und die Verbindung historischer Bauten mit neuen Ideen einheimsen. Lange Sandstrände, alte Bäderhausarchitektur, beste Wellen und Wind für Surfer, mehrere Dutzend Fischrestaurants, darunter das exzellente John's Place, gleich hinter der von Strandhafer bewachsenen Düne, und dazu die einst bedrohlich wirkende, mittelalterliche Festung schaffen eine besondere Atmosphäre, die vor allem im Sommer viele Besucher anzieht. In den unruhigen Zeiten gegen Ende des 13. Jahrhunderts ließ der Graf von Halland auf den Klippen über dem Hafen eine Burg errichten. Er fürchtete die Rache dänischer Truppen, da er im Verdacht stand, den tödlichen Anschlag auf den Dänenkönig Erik V. organisiert zu haben. Später wechselten ihre Besitzer mehrfach, erst 1366 übernahmen die Dänen die Region für nahezu 300 Jahre. Während des Dreißigjährigen Krieges massiv ausgebaut, war sie gerade fertig, als Dänemark in der Auseinandersetzung um die Vorherrschaft in Skandinavien gegenüber Schweden klein beigeben und große Teile des heutigen Südschweden aufgeben musste. Später wurden die dicken Mauern für hundert Jahre als Gefängnis genutzt, erst 1931 zogen die letzten Häftlinge aus. Als Dauergast geblieben ist der »Bocksten Mann«, der im 14. Jahrhundert gelebt haben muss und erstaunlich gut erhalten 600 Jahre später im Bocksten Moor östlich von Varberg gefunden wurde.

Die früheren Zellen im Gefängnisblock der Festung Varberg gehören heute zur Jugendherberge. Heutzutage können ihre Bewohner kommen und gehen, wie sie wollen.

Varbergs Fästning · 43244 Varberg · Tel. 0340 828 30
www.museumhalland.se/varbergs-fastning · **Fischrestaurant:** www.johnsplace.nu

Die Festung wirkt uneinnehmbar. Heute dient sie als Jugendherberge mit Restaurant
Mit bunten Zorbing-Bällen lässt sich auch im Schatten der Burg gut spielen

39 Sakraler Bau mit profanem Innenleben

Eine Fischauktionshalle als Kirche oder umgekehrt? Zumindest ähnelt die »Feskekörka« mit ihren Bögen und Fenstern von außen einem Gotteshaus. Wer hineingeht, hat jedoch keinen Zweifel, in der ältesten Fischverkaufshalle Göteborgs wird nicht Gott, sondern Meerestieren aller Art mit Inbrunst gehuldigt.

Um von vornherein Missverständnissen vorzubeugen: Frische Fische werden in Göteborg auf dem Teller sehr geschätzt, doch sie werden nicht angebetet. Frische Schalentiere und Fische werden hier verkauft, ohne lange Transportwege vom Kutter zum Tresen. Die Paddan (Kröten) schippern den Hafenstrom Göta Älv entlang und durch die Kanäle der Stadt. Diese Sightseeing-Boote sind so flach, dass sie auch unter den zahlreichen Brücken hindurchpassen. Die Passagiere jedoch sollten, vor allem bei hohen Wasserständen, die Köpfe einziehen. Auch auf dem früheren Wallgraben, der das historische Stadtzentrum einst vor potenziellen Angreifern schützen sollte, sind die oben offenen Boote unterwegs. Linker Hand taucht am Ufer ein langgestrecktes Gebäude auf, wie eine Kirche mit Spitzbögen, aber ohne Turm – die berühmte »Feskekörka«, die schon seit 1874 genau an dieser Stelle steht. Knapp 35 Jahre wurden hier die täglichen Fänge der Fischkutter an Händler versteigert. Mit seinen Bogenfenstern und einer Innenstruktur ohne Trennwände hatte das für seine Zeit geradezu futuristische Gebäude schnell den Spitznamen »Fischkirche« weg. Auch nachdem die Fischauktionen in den neuen Fischereihafen Majnabbe verlegt worden waren, blieb die Halle ihrer Bestimmung treu. Heute verkaufen die Händler vorwiegend an private Kunden. Wer weniger auf Fisch und Meeresfrüchte aus ist, findet nur ein Stückchen weiter ein opulentes Angebot in den »Saluhallen«. In der Markthalle von 1889 finden sich knapp vier Dutzend kleine Lokale, dazu Stände mit Delikatessen aus aller Welt.

Sjömagasinet, das beste Fischrestaurant Göteborgs in einem alten Lagerhaus am Hafenstrom, ist wegen seines Büffets berühmt: eine opulente Vielfalt von Hering, Lachs, Kabeljau, Garnelen und Fischpasteten sowie diversen Gemüse- und Fleischvariationen.

Rosenlundsvägen · 411 25 Göteborg · www.feskekörka.se
Mo–Fr von 10–18 und Sa 10–15 Uhr · **Restaurant:** www.sjomagasinet.se

Ihr Name ist »Fischkirche«: In der sakral wirkenden Halle werden Fische verkauft

Autorin Helene Tursten (re.) und Schauspielerin Angela Kovacs alias »Irene Huss, Kripo Göteborg«

Mit Helene Tursten auf Krimi-Tour

40

Sommerliches Göteborg, weiße Nächte an Schwedens Westküste. Schmucke Segelschiffe kreuzen in der Schärenlandschaft vor der Mündung des Göta-Flusses. Eine friedliche Atmosphäre, in der niemand an Verbrechen denken mag. Doch Bankräuber, Drogendealer oder rasend Eifersüchtige kennen keine Sommerpause.

Helene Tursten hat die spannenden Romane um die tatkräftige Göteborger Kriminalinspektorin Irene Huss geschrieben, die von der ARD in mehreren Staffeln gezeigt werden. Woher kommt diese große Resonanz? Die Romane sind in ein Dutzend Sprachen übersetzt und in Millionenauflage erschienen. »Vielleicht weil Huss kein einsamer, vergrübelter oder depressiver Kommissar ist, sondern eine ganz normale Frau, die mitten im Leben steht«, antwortet Helene Tursten. Ihr Mann hat früher selbst als Polizist gearbeitet, und sie kennt viele aktive Ermittler, die ohne ihre Familie die harte Polizeiarbeit gar nicht bewältigen könnten. Obwohl die Plots spannend aufbereitet sind, stehen nicht die brutalen Morde im Mittelpunkt, sondern die tägliche Polizeiroutine, die Kleinarbeit und die Zusammenarbeit in der Mordkommission. »So werden die meisten Fälle gelöst«, erzählt Helene, »und nicht durch einen genialen Einfall.«

Irene Huss beherrscht Jiu-Jitsu. Wie die japanische Kampfsportart nicht Kraft gegen Kraft setzt, sondern geduldig auf eine Chance wartet, klärt die Kriminalinspektorin ihre Fälle beharrlich und einfühlsam. Sie agiert erfrischend direkt, unkompliziert und macht dabei auch Fehler – wie im richtigen Leben. Für viele Leser ist sie gerade deshalb eine Identifikationsfigur. Um zu den Tatorten zu gelangen, muss Irene Huss regelmäßig die knapp einen Kilometer lange und 20 Meter hohe Götaälv-Brücke überqueren. Gleich daneben ragt ein wuchtiger Wolkenkratzer mit einer Aussichtsplattform in den Himmel, Spitzname Lippenstift. »Hier ist auch einer meiner Lieblingsplätze in Göteborg«, verrät Helene Tursten, »mit imposanten Bauwerken, mit dem Hafen, vielen Schiffen und dem tollen Opernhaus der Stadt. Göteborg hat so viel zu bieten, nicht nur schreckliche Verbrechen. Aber die sind eben auch Teil des Großstadtlebens«.

Göteborg Tourist Office · Kungsportsplatsen 2 · 411 10 Göteborg · www.goteborg.com
www.randomhouse.de/Autor/Helene-Tursten/p199759.rhd

41

Göteborg leuchtet

Stockholm mag Schwedens offizielle Hauptstadt sein, aber wenn es um Weihnachten geht, übernimmt Göteborg die Führung. Ende November wird die »Julstaden«, die Weihnachtsstadt, am Götaplatsen feierlich eröffnet. Dann strahlen farbenfrohe Lichtinstallationen entlang der Prachtstraße Avenyn bis zum Hafen.

Im Norden Europas sind die Tage in der Adventszeit kurz und die Nächte sehr lang. Die Dämmerung setzt bereits am frühen Nachmittag ein. Doch im Zentrum von Göteborg erstreckt sich zwei Kilometer quer durch die Innenstadt eine illuminierte Weihnachtsmeile. Lichtinstallationen, in geheimnisvolles Blau gekleidete Straßenbäume, rot angestrahlte Gebäudefassaden und gelb beleuchtete Brückenbögen ziehen sich vom Götaplats längs der Prachtstraße Kungsportsavenyn und durch die kopfsteingepflasterte Altstadt bis hinunter zum Hafen. Abends werden riesige Weihnachtsbilder auf die 1500 Quadratmeter große Fassade des Kunstmuseums projiziert und tauchen den Götaplats in eine festliche Atmosphäre. Auf dem eisbedeckten Teich in den Grünanlagen des Bältespännarparks ziehen Schlittschuhläufer zu poppiger Weihnachtsmusik ihre Kreise. Heiße Glut in offenen Metallkörben strahlt Hitze ab, und wer sich von innen erwärmen will, kauft an einer der Buden einen Becher Glögg, schwedischen Glühwein mit Mandeln und Rosinen. Herzenswärme spendet der »singende Tannenbaum«: ein Göteborger Knabenchor, bekleidet mit grünen Überwürfen und roten Zipfelmützen, der auf einem keilförmigen Podest in Form eines Christbaums Weihnachtslieder zum Besten gibt. Wer nun, festlich eingestimmt, die Suche nach einem passenden Weihnachtsgeschenk antritt, dürfte in der Altstadt fündig werden. Die Marktstände in der liebevoll geschmückten Haga Nygata stehen dicht an dicht. Ganz traditionell geht es im Kronhuset zu, dem einstigen Rathaus aus dem 17. Jahrhundert, in dem Händler und Kunsthandwerker in alten Kostümen ihre Waren anbieten.

Wer nach dem Weihnachtsbummel etwas kraftlos ist, kann sich in der altmodischen »Göteborgs Choklad & Karamellfabrik« mit hausgemachten Trüffelpralinen trösten.

Göteborg Besucherinformation · Massans gata 8
www.goteborg.com, www.goteborgschoklad.se

Auch der 116 Meter hohe AtmosFear Tower in Lisebergs Vergnügungspark ist erleuchtet

42 Eine Woche Party – Göteborgs Kulturkalas

Seit über 25 Jahren geht es zum Spätsommer in Göteborg hoch her. Beim großen Stadtfest am Ende der langen Schulferien wird fünf Tage lange gefeiert, mit Konzerten von Klassik bis Rap, mit Aktionen, Karneval, Literatur und Film. Auch einige internationale Stars zieht das bekannte Festival inzwischen an.

Mehr als eine Million Besucher haben hier eine knappe Woche im August einen Riesenspaß. Zusammen mit Hunderten von Künstler aus vielen Ländern der Erde auf rund Opern- und Popkonzerten, Lesungen, Umzügen und tausend anderen kulturellen Events. Göteborgs Kulturkalas ist eines der größten Kulturfestivals Skandinaviens. Das Stadtzentrum ist eine einzige Bühne, doch auch in der Region von Västra Götaland finden mehrere Dutzend Veranstaltungen statt. Die Events der bekannteren Künstler ziehen mehrere Zehntausend Zuschauer vor die zentrale Bühne auf dem Götapladsen. Inzwischen hat sich parallel auch ein kleineres Festival etabliert, das sich vor allem an Kinder wendet und mit ähnlichen Veranstaltungen auf den Faröer Inseln, auf Island und in Finnland kooperiert.

Alle Auftritte sind für Zuschauer gratis, vom Konzert des städtischen Symphonieorchesters bis zum Zauberer für Kinder. Sogar der Vergnügungspark Liseberg öffnet für einige Tage kostenlos seine Tore. Auch bekannte Gebäude und Institutionen, wie die Börse, das Kronhuset, das Industriemuseum oder der Festungsbau Carolus Dux sind frei zugänglich. Nur für das Essen müssen hungrige Festbesucher natürlich einige Schwedenkronen locker machen. Dafür werden kulinarische Erlebnisse aus Schweden, Europa und fernen Ländern geboten. Auch beim Essen sind die Göteborger anderen einen Schritt voraus. Mindestens ein Drittel der angebotenen Produkte muss das Bio-Siegel tragen. Besucher werden gebeten, nicht mit dem Auto, sondern per Fahrrad, zu Fuß oder mit öffentlichen Verkehrsmitteln anzureisen. Viele Göteborger und Stadtbesucher hoffen, dass es bei dem Prinzip »Draußen und umsonst« bleibt. Ebenso beim friedlichen, völkerverbindenden Charakter des multikulturellen Festivals.

Kulturfestival sechs Tage Mitte August · www.goteborgskulturkalas.se, www.goteborg.com

Die Straßen von Göteborg sind während der Kulturkalas immer belebt
Hunderte Künstler aus vielen Ländern präsentieren während des Kulturfestivals ihre Werke

In vielen Holzhäusern von Fiskebäckskil sind Einwohner von Göteborg eingezogen
Strömstad ist die letzte schwedische Stadt vor der Grenze zu Norwegen

Inselhüpfen an der Küste von Bohuslän

43

Wenn er gute Laune hat, und das ist meistens der Fall, spielt Kapitän Andreasson zum Abschied der »S/S Svea« auf dem Akkordeon aufmunternde Lieder. Seit 2015 hat seine kleine Schifffahrtslinie eine alte Tradition wieder aufgenommen und schippert in drei Tagen von Göteborg nach Strömstad oder umgekehrt.

Die Westküste Schwedens ist von Göteborg bis zur norwegischen Grenze mit idyllischen Inseln und Schären gesegnet. Eine buchtenreiche Strecke mit rund 8000 Eilanden und ein ideales Revier für Wasserratten, die es lieben, Sonne, Wind und den salzigen Duft des Meeres zu genießen. Schon 1891 brach die »S/S Göteborg« zu dem klassischen Trip auf, und das Traditionsschiff schipperte dann bis 1965 die Küste von Bohuslän entlang. Fast genau 50 Jahre später startete ein neuer Anlauf. Zwischen Mai und September lässt sich dieser nostalgische Trip durch die Natur buchen. Auch die historische »M/S Nya Skärgården« aus dem Jahr 1915 ist wieder unterwegs. Drei Tage brauchen die Traditionsschiffe für die Strecke durch die Schärengärten, vorbei an buckligen Felseninseln machen sie Station bei den vielbesuchten Ruinen der Festung Älsborg vor Stockholm, in Seglerhäfen wie Marstrand, passieren alte Hummer- und Heringsstützpunkte wie Lysekil und lauschige Badebuchten. Zwei Übernachtungen sind auf der Strecke eingeplant, eine im Fischerhafen von Fiskebäckskil, eine zweite unweit von Grebbestad. Hier in der Nähe, auf der Insel Dannholmen bei Fjällbacka, verbrachte Ingrid Bergman viele Sommerwochen ihres Lebens. Gestärkt mit Fischen und Schalentieren vom Lunchbuffet, lassen die Passagiere die Landschaft wie in einem beschaulichen Schwedenfilm an sich vorbeiziehen. Im Hafen von Gullholmen ist eine Einkehr im Eiscafé Pflicht, und ein Besuch im kleinen Kunstmuseum mit erstaunlichen Bildern deutscher und skandinavischer Expressionisten lohnt sich ebenfalls. Auch das Unterhaltungsprogramm an Bord kann sich sehen lassen. Kapitän oder Guide spinnen Seemannsgarn oder holen die »Quetschkommode« heraus. Auch Angler kommen zu ihrem Recht, an Bord oder auf einer Angeltour in einem der Häfen wie in Smögen.

Svenska Västkustlinjen · Tel. 031 10 10 15 · www.vastkustlinjen.se

44 Carlsten Fästning, die ehemalige Zitadelle

Im Sommer führen als Soldaten mit Spieß und Harnisch verkleidete Fremdenführer durch die gewaltige Carlsten Festung aus dem 17. Jahrhundert. Hier war lange Jahre auch Lasse-Maja eingekerkert, eine Art schwedischer Robin Hood, der als Frau verkleidet, den Armen gab, was er den Reichen stahl.

Rund 8000 Inseln und Schären sprenkeln die Küstengewässer allein in der schwedischen Provinz Bohuslän, zu der auch Marstrand gehört. Ein ideales Terrain für alle, die das Meer und Urlaub am Wasser lieben. In den Marinas liegen Motor- und Segelboote dicht beieinander, bei Sonnenschein herrscht eine fast mediterrane Atmosphäre. Gepflegte, aus Holz errichtete und in hellen Farben bemalte Sommerhäuser säumen die wenigen, schmalen Inselstraßen. Traditionell werden sie nicht verkauft, sondern innerhalb der Familie von einer Generation an die nächste weitervererbt. Dazwischen gibt es Geschäfte für Kunsthandwerk, kleine Cafés und Restaurants. Marstrand gilt nicht umsonst als einer der schönsten Häfen entlang der langen schwedischen Küste. Schon seit mehr als 35 Jahren schützt die mächtige Festung Carlsten den meist eisfreien Hafen von Marstrand. Hier wurden viele Waren aus dem Fernhandel gelöscht, nachdem Dänemark nach dem verlorenen Zweiten Nordischen Krieg Besitztümer an der Öresundküste zugunsten Schwedens räumen musste. Die auf dem höchsten Hügel von Marstrand zunächst aus Holz errichtete und insgesamt zweimal eroberte Festung wurde im Laufe der Zeit massiv ausgebaut. Schließlich diente sie vorwiegend als Gefängnis. Die Zwangsarbeit, die die Strafgefangenen leisten mussten, war landesweit als »Marstrandarbeit« bekannt: Steine brechen, transportieren und damit die Festung verstärken. Die Sterberate im Winter lag bei 20 Prozent. Lasse-Maja, der berühmteste Gefangene, hat bis zu seiner Begnadigung 26 Jahre in Carlsten überlebt. Dank seiner Kochkünste – er hatte als weibliche Haushälterin verkleidet begüterte Haushalte ausgeraubt – war er viele Jahre als Festungskoch beschäftigt und vom Steineklopfen freigestellt.

Carlstens Fästning · 44267 Marstrand · Tel. 030 36 11 67
www.carlsten.se, www.marstrand.se · geöffnet April–Oktober

Die autofreie Insel Marstrand wird von der mächtigen Festung Carlsten überragt

Marstrand aus der Vogelperspektive
Wenn die Regatten ausgesegelt sind, kehrt auch in Marstrand Ruhe ein

Marstrand – Segelmetropole der Westküste

45

Rund 1500 Einwohner leben auf der nur wenige Dutzend Meter vom Festland entfernten Insel. Im Sommer vervielfacht sich die Einwohnerzahl, denn das kleine Marstrand gehört zu den Segelmetropolen des schwedischen Königreiches. Höhepunkt der Sommersaison ist die »Match Cup«-Regattawoche Anfang Juli.

Die kleine Fähre, die die autofreie Insel Marstrand mit der Insel Koö und dem nahen Festland verbindet, ist proppenvoll. Schließlich ist Regattawoche, und Tausende von Schweden, dazu viele auswärtige Gäste, die sich für Wassersport interessieren, sind angekommen. Ausnahmsweise zieht nicht die mächtige Carlsten-Festung die meiste Aufmerksamkeit auf sich, sondern das sportliche Geschehen auf dem Wasser. Professionelle Segelcrews sind angereist, die in der von buckligen Schären eingerahmten Küstenbucht nach der besten Position und der extra »Mütze« Wind suchen, um schließlich nach dem K.o.-System um den Siegpokal und das beträchtliche Preisgeld zu kämpfen. Wie bei der Formel 1 im Motorsport kennen sich die Skipper untereinander. Fast das ganze Jahr über treten sie gegeneinander an, ob auf dem Bodensee, auf den Bermudas, in Chicago oder beim großen Finale vor der Küste von Malaysia. Gerade der direkte Wettstreit Crew gegen Crew, auf gleichwertigen Seglern und in Sichtweite zur Küste macht den »Match Cup« für Zuschauer so interessant. Von zahlreichen Aussichtsplätzen folgen sie den waghalsigen Manövern der Rennboote. Selbst von hohen Uferfelsen feuern Segelfans ihre Favoriten an. Mit schicken Sommerhäusern, seiner geschützten Gäste-Marina, originellen kleinen Geschäften, netten Bars und Restaurants punktet Marstrand allerdings auch bei den Hobbyseglern. Und wo Segler zusammenkommen, ist auch die nächste Party nicht weit. Nicht umsonst heißt es in Schweden: Die Segler von der Ostküste zieht es im Sommer nach Gotland, die von der Westküste nach Marstrand.

Langusten, mit hausgemachter Kräuter-Knoblauchbutter gratiniert, oder zarten Heilbutt serviert das Restaurant im Grand Hotel Marstrand, wo vor über hundert Jahren Schwedens König Oscar II. residierte.

Marstrands Turistinformation · Hamngatan 33 · 440 30 Marstrand
www.marstrand.se/sv, www.matchcupsweden.com

46 Lichte Galerie direkt am Meer

Was für eine gute Idee, ein Kunstmuseum, das seinen Schwerpunkt auf Bilder aus Wasserfarben und Kunstinstallationen rund ums Wasser legt, direkt an einer Küste anzusiedeln, die ohnehin wie gemalt aussieht. Wo sonst kann man einen Museumsbesuch mit einem erfrischenden Bad im Kattegat oder einer Einkehr auf der Restaurantterrasse über der Hafenbucht verbinden, um köstlich zubereiteten Fisch und Meeresfrüchte zu genießen? Das Nordische Aquarellmuseum zeigt Kunst aus aller Welt rund um die Themen Wasser und Meer. Wer mit dem Segel- oder Motorboot anreist, gibt einfach die Koordinaten (57.9890/11.5404) ein, doch auch mit Auto, Bahn oder Bus gelangt man problemlos dorthin.

Skärhamn · Södra Hamnen 6 · 471 32 Skärkamn
Tel. 0304 60 00 80 · www.akvarellmuseet.org

47 Die Arche des Nordens

Ein privater Zoo, der sich dem Erhalt bedrohter Tierarten verschrieben hat. Nicht nur aus Schweden, aber vorwiegend aus Klimazonen, die der Skandinaviens ähneln. So werden jedes Jahr 100 grüne, im Zoo aufgewachsene Wechselkröten auf Öland ausgesetzt und einige Dutzend Weißrückenspechte in Lappland. Wer Luchse und Rothunde, Uhus oder Bartkäuze, Mähnenwölfe oder Mandschurenkraniche sehen will, sollte Geduld und ein Fernglas mitbringen, denn die Tiere werden nicht in Käfigen zur Schau gestellt. Jämtland-Ziegen, schwarze Linderöd-Schweine oder schwedische Orust-Hühner und andere alte skandinavische Haustierrassen sind da schon zutraulicher.

Stiftelsen Nordens Ark · Åby säteri · 456 93 Hunnebostrand
Tel. 0523 795 90 · www.nordensark.se

Kunstausstellung mal anders: Der Schwerpunkt liegt auf Bildern mit Wasserfarbe
Ein bedrohter sibirischer Tiger im Zoo von Nordens Ark

48 Vom Schärengarten ins Skagerrak

Mit dem Seekajak einen Trip zu unternehmen, allein oder in einer geführten Gruppe, macht Spaß. Die Küstenregion zwischen Fjällbacka im Süden und Grebbestad im Norden mit den Inseln Pinnön und Otterön, die den Paddlern Schutz bieten, ist dafür bestens geeignet. Mit etwas Glück sieht man sogar Tümmler.

Es ist ein entspanntes Vergnügen, sanft und ruhig über die windgeschützten Wasseroberflächen des Schärengarten zu gleiten, vorbei an buckligen, von Wind und Wasser in Jahrtausenden abgeschliffenen Felsen. Viele der schönen Buchten und Inseln sind nur vom Wasser aus zugänglich. Doch Seekajaks, wie der Name schon andeutet, sind eben auch seegängig. Natürlich kann es bei scharfem Wind und hohem Seegang schnell ungemütlich und auch gefährlich werden, trotz Spritzschutz und Wendigkeit der Boote. Für Touren außerhalb der geschützten Küstenzone sollten sich Anfänger und Fremde lieber ortskundigen Guides anvertrauen. Die kennen sich aus und wissen die besten Routen, Rastplätze inklusive. Denn auch Untiefen können bei Wellengang sehr unangenehm werden. In jedem Fall gehört das Studium der Wettervorhersagen vor jeder Tour zur Pflicht. Rund um die Wetterinseln (Väderöarna), deren Leuchtturm eine gute Orientierung bietet, sind viele Robben unterwegs oder sonnen sich an einem der schönen Sandstrände. Doch die Natur hat auf und zwischen den bemoosten und mit niedrigem Gestrüpp bewachsenen Felsbuckeln noch mehr zu bieten. Schwarze, mit einer weißen Zeichnung markierte Teisten aus der Familie der Alkenvögel, Raubmöwen und pechschwarze, mit den Kormoranen verwandte Krähenscharben lassen sich ziemlich sicher sehen. Da das Wasser rund um die Inseln sehr klar ist, kann man schon vom Boot aus Fische und Wasserpflanzen ausmachen. Wer seine Schnorchelausrüstung nicht vergessen hat, kann bei einer Rast am Strand oder einem flachen Felsbrocken die, allerdings nicht allzu warme, Unterwasserwelt erkunden.

Mehrtagestour mit Übernachtung am einsamen Strand: die Zelte aufgebaut, das Lagerfeuer flackert – und über allem ein Sternenhimmel von seltener Schönheit.

Nautopp Kajakcenter Grebbestad · Småbåtshamnen, Svinnässidan · 457 02 Grebbestad
Tel. 0525 109 30 · www.nautopp.com

Die Schärenlandschaft rund um Ebbestrand eignet sich ideal für Seekajak-Touren
In vielen der kleinen Häfen des Schärengartens lassen sich die wendigen Kajaks mieten

Der Kopf »ANNA«, eine Skulptur des spanischen Künstlers Jaume Plensa, ist 14 Meter hoch

Open-Air-Skulpturen aus der Eisenzeit und von heute

49

Das Gräber und Siedlungsfeld aus der Eisenzeit mit seinen Steinkreisen, Grabmarkierungen und Begräbnishügeln ist zwei- bis dreitausend Jahre alt. Von 2007 an sind moderne Skulpturen hinzugekommen – diese sind auf ganz andere Weise eindrucksvoll und bilden einen spannenden Kontrast zu den historischen Figuren.

Klövedal liegt auf der Insel Tjörn, doch Autofahrer können den Skulpturenpark dennoch ohne nasse Reifen erreichen. Bei Stenungslund von der E6 abfahren, schnell über die Brücke nach Tjörn und weiter auf der Straße 169 und den Schildern »Pilane gravfält« folgen, das war's schon. Wo noch vor 12 000 Jahren ein über einen Kilometer starker Eispanzer die Erde bedeckte, grasen Schafe in einer leicht hügeligen Landschaft zwischen Steinkreisen, Grabmarkierungen und Felszeichnungen. Archäologische Funde belegen, dass Pilane ein wichtiger Begräbnisplatz war, aber auch ein Treffpunkt. Hier wurde sogar Recht gesprochen. Heute ist Pilane wieder zu einem Treffpunkt geworden, seit von 2007 an jeden Sommer Künstler aus aller Welt hier neue, teils ungewöhnliche Skulpturen unter freiem Himmel ausstellen. Allein 2017 sind einige spektakuläre Werke hinzugekommen. Von der jüngst verstorbenen polnischen Künstlerin Magdalena Abakanowicz stammen »Zehn sitzende Figuren«, kopflose Skulpturen aus rostigem Gusseisen, mit denen sie den Bogen von heute in die Eisenzeit spannt. Unübersehbar blickt der 14 Meter hohe Frauenkopf »ANNA« des spanischen Künstlers Jaume Plensa über die Insel und bis zum Bohuslän-Archipel. Die britische Künstlerin Sophie Ryder verwendet auch in Pilane überdimensionierte Hasenfiguren aus verzinktem Stahldraht, um menschliche Gefühle auszudrücken. Das bronzene »Syrische Pferd« des Künstlers und Flüchtlings Mohannad Soleman soll das syrische Volk symbolisieren, das versucht den Despoten abzuschütteln. Inzwischen zählt Pilane zu den wichtigsten Skulpturenparks in Europa.

Nach so viel Kunst ist eine ganz profane Stärkung willkommen: Zimtschnecken, Limonen- oder Schokokuchen, vielleicht sogar mit geschlagener Sahne – im Gårdskafé von Frida und Emil.

Pilane Heritage Museum · Sältebo Gård · 471 92 Klövedal
Tel. 0304 66 39 50 · www.pilane.org

Im Restaurant Brygghuset in Fiskebäckskil gibt es leckere Hummergerichte …
… und das Auge isst im schönen Ambiente auch mit

Jagd nach dem »schwarzen Gold« des Meeres

50

Ein besonderes Vergnügen für Urlauber und Ausflügler: Fischer und Restaurants an der Schärenküste bieten in der Saison von Ende September bis Ende April Hummersafaris mit dem Fischkutter an. Auf einem mehrstündigen Törn werden die Hummer gefangen, abends landen sie delikat zubereitet auf dem Teller.

Langsam nimmt der Motorkutter »Skafto« Fahrt auf und verlässt die geschützte Hafenbucht von Fiskebäckskil. An Bord: Fischer Björn Södergren mit acht Passagieren. Vor Kurzem hat die winterliche Hummersaison begonnen. Die Fanggründe für die schmackhaften Skagerrakhummer liegen in den Gewässern der westschwedischen Schärenküste. Eigentlich geht nach der hektischen Sommersaison hier alles seinen ruhigen Gang. Nur einige Urlauber, die einsame Spaziergänge und die wunderbar klare Luft an der Küste schätzen, sind noch da. Doch zu den Hummersafaris an den Wochenenden kommen neben Schweden auch einige Dänen, Engländer, Deutsche, Österreicher und Schweizer, allesamt Skandinavienfans und Hummerliebhaber. Skipper Björn dreht elegant bei, eine Motorwinde tritt in Aktion und befördert eine Hummerreuse aus 25 Metern Tiefe an Bord. Unübersichtliches Gewimmel in der Reuse, doch es sind nur ein halbes Dutzend Krebse, die Björn mit kühnem Schwung wieder ins Meer befördert. Die nächste Aktion bringt tatsächlich die ersten beiden Hummer. Bläulich-schwarz klappen sie ihre Scheren auf und zu, eine wie eine gezackte Schere, die andere ähnelt einer Kneifzange. Bei einem Weibchen zeigt Björn an der Unterseite des Körpers feinen schwarzen Rogen, Tausende von Eiern. »Die muss zurück ins Meer«, bedauert Björn, »obwohl der Hummer groß genug wäre.« Nur ausgewachsene Tiere, sie müssen zwischen Kopfende und Schwanz mindestens 80 Millimeter messen, sind zum Fang freigegeben. Bei der Rückkehr dampft in Björns Bootsschuppen dann schon eine schmackhafte Fischsuppe im Topf.

Hummermenü im Brygghuset: Filet vom Blek mit Lachsrogen, dann Hummersüppchen mit Weißfisch-Ravioli und als Krönung einen ganzen Hummer, mit Meerrettich-Dill, feiner Aioli und Vesterbotten-Käsecreme – ein Gedicht.

Brygghuset · Fiskebäckskilsvägen 28 · 451 78 Fiskebäckskil · Tel. 0523 222 22
www.brygghusetkrog.se, www.gullmarsstrand.se

51 Immer das Meer im Blick – Wandern in Bohuslän

Bohuslän mit seinen Wiesen, Wäldern, buckligen Granitfelsen ist schön, der Skagerrak immer gleich um die Ecke. Für alle, die gerne wandern, denen es aber zu viel ist, ihr Gepäck im Rucksack mitzuschleppen, gibt es Angebote, die diese Touren etwas angenehmer gestalten: Wandern mit Gepäcktransport.

Wandern gehört zu den beliebtesten Freizeit- und Urlaubsaktivitäten überhaupt. Wer auf Wanderwegen an der Küste von Bohuslän unterwegs ist, möchte die Landschaft und die Bewegung in der freien Natur genießen. Das »große« Gepäck ist dabei eher hinderlich, bald schmerzen die Schultern, der Rücken ächzt, und die Beine werden schwer. Wandern ohne Gepäck wird bereits in vielen Wanderregionen in Europa angeboten. Im Tagesrucksack findet sich nur das Nötigste: Pflaster, Sonnencreme und Insektenschutz, ein Taschenmesser, eine Karte, vielleicht eine Regenjacke, Smartphone, Wasser und Kamera. Alles andere bleibt im Koffer oder Rucksack. Das Gepäck wird vom Wanderunternehmen zum nächsten vorgebuchten Hotel transportiert. Spezialisierte Veranstalter, wie Vandra utan packning, bieten verschiedene kurze und mehrtägige Touren an, statten den Urlauber mit Karten aus, buchen die Hotels auf der Strecke und arrangieren sogar die Verpflegung. Die nervige Sucherei nach freien Hotelzimmern und Restaurants entfällt. Auf Bohus-Malmön, entlang der Südküste bei Kungshamn und auf Smögen, im Naturreservat Ramsvikslandet oder zwischen Hunnebrostrand und Gerlesborg liegen gut markierte Panoramastrecken, die meist nahe am Meer durch wunderschöne Wälder und wilde Klippenlandschaften führen. Wo die Strecke etwas zu steil wird, gibt es Ausweichrouten als Option. Doch Bohuslän ist kein Hochgebirge. Mit normaler Fitness lässt sich jede Strecke bewältigen. Das Lunchpaket im Rucksack sollte die nötigen Kraftreserven für die Tagesetappe von zehn bis 15 Kilometern mobilisieren können. Wer keine Rundtour gebucht hat, wird am Ende zum geparkten Auto zurückgebracht.

Ankommen im Zielhotel. Wanderschuhe ausziehen. Ein Getränk bestellen und auf der Terrasse mit Blick auf den Hafen entspannen.

Vandra utan packning · Amborseröd Båtbacken · 456 91 Kungshamn
Tel. 0523 340 72 oder 0708 79 46 56 · www.vandrautanpackning.se

Das Netz an Wanderwegen wurde in Soteleden auf rund 60 Kilometer ausgebaut
Wanderwege ziehen sich die Küste entlang oder an Buschwerk und Wiesen vorbei

52 Eiskalt und zum Niederknien

In Hamburgsund geht es selbst im Sommer etwas ruhiger zu als im nicht weit entfernten Fjällbacka. Urlauber und Einwohner setzen mit einer kostenlosen Seilzugfähre vom Festland auf das Felseneiland Hamburgö über. Die wunderbaren Eisspezialitäten sind seit über 100 Jahren die besondere Attraktion.

Kaffee gibt's im Pipershuset, und Gebäck aus eigener Konditorei, doch der Ruhm der nach eigenen Rezepten hergestellten Eissorten überstrahlt alles. Mindestens 36 Geschmacksrichtungen von »Pipersglass« wie Blaubeere, Mandel-Honig, Mango-Apfelsine oder Moltebeeren sind im Sommer stets verfügbar. Vor knapp 120 Jahren begründete ein italienischer Eismagier, Pietro Ciprian, die Tradition in Stockholm. Der Großvater der vormaligen Besitzerin Maggie Ciprian-Oleviks hatte sich einst in ein Schwedenmädchen verliebt und konnte dem Ruf des Nordens nicht widerstehen. Ähnlich geht es seitdem den Kunden mit seinen Sorbets und dem geschmeidigen Milchspeiseeis. Seit 1993 wird die unverschämt gut schmeckende Eiscreme von Anette und Hanna Hansson nach denselben alten Rezepten, aber ausschließlich mit Bio-Rohstoffen hergestellt. Kein Wunder, dass im Sommer viele Schleckermäuler Schlange stehen, um in den Genuss der Köstlichkeit zu kommen. Neben den Früchtekreationen gehört traditionell das Vanilleeis zu den Rennern.

Das deutsche Hamburg an der Elbe hat übrigens mit dem schwedischen Hamburgsund nicht zu tun. Das Örtchen mit rund 700 Einwohnern liegt beiderseits einer Meerenge, die die Insel Hamburgö vom Festland trennt. Früher hieß sie »Hornbora« (die Hörner trägt), wohl nach den ins Meer ragenden Halbinseln an der Süd- und der Westküste. Einst sollen zu Wikingerzeiten auf einem Thing-Platz hier in der Nähe Streitigkeiten entschieden worden sein. Im nachgebauten Wikingerdorf treffen sich im August Hobby-Nordmänner. Diverse Fischerboote nennen Hamburgsund ihren Heimathafen. Auch die meisten der Freizeitkapitäne von Segel- und Motorbooten laufen regelmäßig Hamburgsund an, und sei es nur, um endlich mal wieder das leckere Pipershuset-Eis genüsslich auf der Zunge zergehen zu lassen.

Pipershuset · Parkvägen 4 · 457 45 Hamburgsund
www.pipershuset.se, www.hamburgsund.com

Selbst bei bedecktem Himmel gehen Pipershuset die Kunden nicht aus
Köstliches Sorbet und Milchspeiseeis in mindestens 38 Geschmacksrichtungen

53 Austern satt in Grebbestad

Die Touristen haben in Grebbestad längst die Rolle der Heringe übernommen, zumindest was die wirtschaftliche Basis des Ortes betrifft. Trotzdem ist der Fischfang, vor allem der von Garnelen, Krebsen und Hummern, weiterhin ein wichtiger Faktor. Kenner schätzen die Austern von Grebbestad über alle Maßen.

Kühle Wassertemperaturen lassen die Austern in den Gewässern vor Grebbestad nur langsam wachsen. Ihrem Geschmack tut das gut. Sie geraten so appetitlich, dass inzwischen 90 Prozent der schwedischen Austernproduktion aus dem kleinen Seebad an der Küste von Bohuslän stammen. Von September bis Anfang Mai ist Saison. Die traditionelle Regel, nach der Austern nur in Monaten, in denen ein »R« vorkommt, geerntet und verzehrt werden sollen, dient zum einen dem Schutz vor Überfischung. Zum anderen ist der Geschmack der europäischen Auster während der sommerlichen Laich- und »Brutzeit« weniger angenehm. Anfang Mai treffen sich Austernliebhaber zum Höhe- und Schlusspunkt der Saison, wenn in Grebbestad die nordische Meisterschaft im Austernöffnen ausgerichtet wird. Routinierte Profis aus Fischrestaurants und fanatische Hobbyköche treffen sich zum Hochgeschwindigkeitstest. Es geht darum, wer in der kürzesten Zeit 30 Austern mit dem Austernmesser öffnen und appetitlich zu präsentieren vermag. Amateure werden beim Tourenanbieter Evertss Sjöbod in die Kunst eingeweiht, mit Handschuh, Austernmesser und der richtigen Technik das Schalentier so zu öffnen, dass weder das Innere der Auster, noch die Hand des Austernöffners Schaden nimmt. Liebhaber der proteinreichen Delikatesse schwören auf Austern aus nordischen Gewässern und schlürfen das rohe Fleisch pur. Andere bevorzugen etwas Zitrone, Weinessig mit Schalotten, einen Spritzer Tabasco oder eine Spur Tomatensaft mit Meerrettich. Am besten schmecken natürlich die auf einer Austernsafari der Gebrüder Karlsson selbst gesammelten Schalentiere.

Am ersten Samstag im September ist »Austerntag« in Grebbestad. Austern mit und ohne Champagner, Austernbier, überbackene oder gegrillte Austern, natürlich auch Musik und Tanz.

Evertss Sjöbod · Grönemadsvägen 61 · 457 95 Grebbestad
Tel. 0525 142 42 (Restaurant) · www.evertssjobod.se

Am besten superfrisch, direkt vom Kutter – das reine Protein mit Meergeschmack

54

Die Wetterinseln im Skagerrak

Viel weiter geht es nicht in den Skagerrak hinaus. In der Ferne kann man bereits die riesigen Fährschiffe ausmachen, die Oslo mit Dänemark oder Schweden und Deutschland verbinden. Die wenigen geduckten Häuser auf den einsamen Felseninseln, waren einst von Lotsen und ihren Familien bewohnt.

Autos sind hier Mangelware, Straßen demnach ebenso selten. Boote helfen schon eher, wenn man Nachbarn besuchen möchte. Urlauber werden zu jeder Jahreszeit für Tagestrips von einem Motorboot des Inselgasthofs abgeholt, entweder aus Hamburgsund oder Fjällbacka. Wer mit dem eigenen Segler oder Motorboot vorbeikommt, findet einen Anlegeplatz im kleinen Gästehafen. Es sind insgesamt 365 Inseln, Eilande und Felsbuckel, die die Wetterinseln ausmachen – eine für jeden Tag des Jahres. Ob im Gasthaus oder im Ferienhaus untergebracht, die Inseln sind ein Zufluchtsort für alle,

Idylle im sanften Abendlicht: die Wetterinseln

die eine Auszeit von der Zivilisation benötigen, die keinen Autolärm mehr vertragen können, keinen Terminstress oder irgendwelche anstrengenden Partys. Hier fegt nur der Wind mit durchschnittlich zehn Meter pro Sekunde über die Granitfelsen, und die Wellen brechen sich seit Menschengedenken an ihnen. Die Sonne scheint im Durchschnitt mehr als fünfeinhalb Stunden täglich. Wer hier einmal zu sich selbst gefunden hat, kommt wieder zurück, ist infiziert von der Droge Natur, die nicht aufputscht, sondern beruhigt und die ganz ohne Hektik und Dramatik die Seele mit Erinnerungen füttert. Wer etwas mehr Aufregung vertragen kann, wird vielleicht mit einem Fischer die Reusen abfahren, in denen sich, von Ködern angelockt, meist Langusten verfangen haben. Es gilt, sie mit Motor- oder Muskelkraft aus immerhin 60 Metern Tiefe an Bord zu befördern. Mit frischen Ködern bestückt, werden die Reusen gleich wieder zu Wasser gelassen. Später können die zubereiteten Krustentiere am Anleger lauwarm mit einem kühlen Gläschen Wein oder einem Bier genossen werden.

Wer zu unruhig wird, kann den Weg und die Felsstufen zur Lotsenstation auf einem 14 Meter hohen Felsbuckel hinaufgehen und endlos weit über den Ozean blicken, in jede Richtung.

Väderöarna · Udden 1 · 457 45 Hamburgsund · Position 58°34'N 11°04'E
Tel. 0525 320 01 · www.vaderoarna.com

55

Rätselhafte Botschaften aus der Vorzeit

Mehr als 1000 Felsritzungen mit Symbolen, Menschen- und Tierdarstellungen, kultischen Motiven, Waffen oder Schiffen sind in der Region um Tanumshede erhalten und belegen menschliche Besiedlung und Kultur seit mehr als fünftausend Jahren. Längst gehören sie zum Weltkulturerbe der UNESCO.

Der Nachbau eines bronzezeitlichen Dorfes bei Vitlycke mit Langhäusern, einer Werkstatt und Ackerflächen versucht, heutigen Besuchern die Lebens- und Arbeitsbedingungen der Menschen vor einigen Tausend Jahren etwas deutlicher zu machen. Straßen gab es nicht, das Schiff war zu diesen Zeiten das Transportmittel der Wahl. Und so finden sich die Mehrzahl von Felsritzungen in der Nähe von Küsten und Ufern. Stilisierte Abbildungen von Schiffen sehen den archäologischen Funden realer Boote aus späterer Zeit erstaunlich ähnlich. Diverse der in den Granit geritzten Zeichnungen wurden rot eingefärbt, damit sie besser zu identifizieren sind. Farbreste deuten darauf hin, dass ihre Erschaffer diese Technik selbst anwendeten. Sicher scheint, dass die Ritzungen zu ganz unterschiedlichen Zeiten und wohl ohne Bezug zueinander angefertigt wurden. Darstellungen von Kriegern mit Pfeil und Bogen, mit Äxten oder Speeren sind dabei und Lurenbläser (Luren sind eine Art Kriegstrompete). Dazu viele Schiffe, es gibt Rentiere, Elche, Wölfe und andere Waldbewohner zu sehen, auch Schafe, Schweine und weitere Haustiere. Darüber hinaus sind Darstellungen aus der Glaubenswelt zu entdecken, wie zum Beispiel Sonnenräder oder Thor mit seinem Hammer. Ein gewaltiger, rätselhafter prähistorischer Bilderschatz, der jedoch schwer zu erhalten ist, denn die Verwitterung durch Wind, Wetter und den Wechsel der Jahreszeiten sowie Moose, Wurzeln und Blätter setzen dem Fels und den Zeichnungen zu. Mit erheblichem Aufwand, wie einer regelmäßigen Reinigung oder einer Abdeckung in den Wintermonaten, versuchen Konservatoren diesen Prozess zu verlangsamen.

Nur 200 Meter vom Museum entfernt ist das bekannteste Felsbild zu sehen, das Brautpaar: eine Frau und ein Mann, die sich innig küssen. Ein Symbol der Liebe, das auch heute noch berührt.

Vitlycke Museum · Vitlycke 2 · 457 93 Tanumshede
Tel. 0525 209 50 · www.vitlyckemuseum.se

Tafeln erläutern die oft rätselhaften Steinbilder und Zeichen
Die Felsritzungen nicht weit von Tanum wirken wie Bilderbücher aus der Bronzezeit

Die autofreien Koster-Inseln sind per Fähre von Strömstad gut zu erreichen
Wander- und Fahrradwege führen auf Koster durch Wälder und über Felder

Nationalpark unter Wasser – Naturpark auf Inseln

56

Beim Svinesund kurz hinter Strömstad beginnt bereits Norwegen. Die Grenze war in vergangenen Jahrhunderten befestigt und hart umkämpft. Heute hat hier die Natur das Sagen, mit dem Kosterhavets Nationalpark unter Wasser und geschützter Natur auf den Inseln Syd- und Nordkoster.

Mehrmals am Tag verlassen die Kosterbåtarna genannten Fährschiffe nach Syd- und Nordkoster, den westlichsten besiedelten Inseln Schwedens, den Hafen des munteren Küstenörtchens Strömstad. Rund 45 Minuten dauert die kurze Seereise durch den idyllischen Archipel, vorbei an Felseninseln, auf denen sich Robben in der Sonne räkeln. Das Informationszentrum Naturum gleich beim Ekenäs-Anleger auf Sydkoster gibt einen plastischen Eindruck vom reichen Über- und Unterwasserleben auf den Inseln und in den Gewässern rundherum. Das Gebiet des ersten Meeresnationalparks Schwedens wird stark vom Atlantik mit seinem höheren Salzgehalt und tieferen Wassertemperaturen geprägt. Er bietet Lebensräume für Pflanzen und Tiere, die sonst nicht in schwedischen Gewässern zu finden sind. Meeresströmungen bringen Larven von Armfüßern, Schwämmen oder Kaltwasserkorallen bis in Inselnähe. Für Taucher ein ganz besonderes Ambiente. Rund 6000 im Meer lebende Arten wurden im Kosterhavet entdeckt, 200 Arten sind in Schweden nur hier zu finden. Ein Küstenweg führt an langen Sand- und Kiesstränden, an Heideflächen und Hochmooren entlang und schließlich zum gut 110 Jahre alten Leuchtturm auf der Nordinsel. Auf der größeren Südinsel gibt es dichtere, größere Waldflächen und Wiesen, sogar Orchideenarten gedeihen hier. Urlauber können sich Fahrräder zur Inselerkundung ausleihen, ein Zimmer in einer der Unterkünfte oder einen Tisch in einem Inselrestaurant buchen. Das nördliche »Koster-Licht« hat im Sommer viele Künstler auf die Inseln gelockt und inspiriert. Andere schätzen die Ruhe und die Harmonie in der nahezu unberührten Natur. Wer die Treppenstufen zum Aussichtspunkt Valfjäll gegenüber einer kleinem Holzkirche erklimmt, wird mit einem weiten Blick über den ganzen Archipel belohnt.

Kosterhavets Nationalpark · Hamnevägen 30 · 452 05 Ekenäs Sydkoster
Tel. 010 224 40 00 · http://extra.lansstyrelsen.se/kosterhavet, www.kosteroarna.com

57 Der Winter kann warten

Wenn es so richtig dunkel wird in Schweden und die Nächte auch den halben Tag einnehmen, schlägt die Stunde der Lichtdesigner. In Alingsås können sie es kaum erwarten. Inzwischen ist das Lichtfest der Kleinstadt mit rund 26 000 Einwohnern zur größten experimentellen Lichtinstallation Nordeuropas avanciert.

Von Ende September bis Anfang November, wenn anderswo im schwedischen Königreich der Herbstblues um sich greift, beginnt in Alingsås eine lichtvolle und farbenfrohe Zeit. Schon Wochen vorher tüfteln und experimentieren Lichtdesigner, nicht nur aus Schweden, an Einstellungen und den richtigen Farbkompositionen. Sechs Tage vor dem letzten Septemberwochenende muss alles perfekt vorbereitet sein. Dann rücken Design- und Technikstudenten aus vielen Ländern an und installieren nonstop Anschlüsse, Leitungen, LEDs in unterschiedlichen Farben und Kompositionen. Dann ist es so weit, und überall im Städtchen erstrahlen Lichtprojektionen. Die »Matrix der Gefühle« spielt am Bahnhof mit unterschiedlichen Rottönen, »Weaving shadows« ähnelt einem farbigen Strichcode, »Point of View (you)« zeigt beispielsweise eine Baumreihe in wechselndem Farbspiel. Beim Gebäude des Bezirksrates heben an den angestrahlten Fassaden unterschiedliche Farbtöne die verschiedenen Bauzeiten und -stile hervor.

Auch wer im Sommer in Alingsås vorbeikommt, kann an einem Festival teilnehmen. Denn eigentlich ist das Örtchen schon viel länger für sein traditionelles Kartoffelfest Mitte Juni bekannt. Ein Jahrmarkt zu Ehren der nahrhaften Knolle.

Mehr als 80 000 auswärtige Besucher kann der sonst eher verschlafene Provinzort zu Zeiten von »Lights in Alingsås« verzeichnen. Inzwischen strahlt der Ruhm aus der schwedischen Provinz in die weite Welt. Sogar die renommierte Internationale Vereinigung der Lichtdesigner, mit Sitz in Chicago, ist aufmerksam geworden und führt Alingsås als Kooperationspartner. So ist aus einer Idee und dem Experiment von Studenten aus Jönköping und Göteborg ein internationales Ereignis geworden. Und ganz nebenbei wird der dunkle Winter auch noch um sechs Wochen verkürzt.

Alingsås Tourist Information · Bryggaregatan 2 · 441 81 Alingsås · Tel. 0322 61 62 00
www.vastverige.com, www.lightsinalingsas.se

Lichtinstallationen haben Alingsås zum Treffpunkt von Lichtdesignern gemacht
Kunstvolle und schlichte Installationen erhellen die dunkle Jahreszeit

Fika ist schwedische Lebenart, gerne mit Kaffee, immer mit Gleichgesinnten
Nach der Fika ist vor der Fika. In Schweden wird die gemütliche Pause zelebriert

Fika – Schwedische Lebensart, die Spaß macht

58

Einmal am Tag Fika reicht den Schweden nicht. Eher drei, besser noch fünfmal am Tag ist Fika-Zeit. Die gemütliche Kaffeepause ist bevorzugter Zeitvertreib und eines der typischsten sozialen Rituale im Königreich. Das gilt besonders für Alingsås, das sich mit dem inoffiziellen Titel »Fika-Hauptstadt« schmückt.

Fika heißt Kaffeepause auf Schwedisch. Die verbringt man am liebsten nicht allein, sondern mit Freunden oder Kollegen, gut geeignet auch als erstes Date. Da wird nicht mal eben schnell im Stehen ein Espresso geschlürft, zum Kaffee gibt's leckere Kekse, Plundergebäck oder Kuchen. Fika ist eine gesellschaftliche Institution, kann Stress abbauen, helfen neue soziale Kontakte zu knüpfen und gleichzeitig den Zucker- und Koffeinnachschub zu regulieren. Die Schweden trinken (nach den Finnen) mit 9,19 Kilogramm pro Person den meisten Kaffee weltweit. Im Schnitt verbringen Schweden elf Tage pro Person und Jahr am Fika-Tisch. Der Gewöhnungsprozess verläuft auch bei Besuchern in Schweden rasant schnell. Bereits nach kurzer Zeit sehnt man die nächste Fika herbei. Da ist es gut, wenn man sich in Westschweden aufhält, denn es hat die größte Dichte guter Cafés vorzuweisen. Das sagt zumindest der »White-Guide«, Schwedens Gourmet-Bibel. Der hat in dem kleinen, 26 000 Einwohner zählenden Örtchen Alingsås gleich mehrere Einträge mit empfehlenswerten Cafés und Konditoreien verzeichnet. Insgesamt können Bewohner und Besucher unter 30 verschiedenen Cafés wählen, von denen einige ihren Kaffee sogar selbst rösten. Kein Wunder, dass sich die Kleinstadt selbst als »Kaféstaden« bezeichnet. In den Sommermonaten wird gelegentlich am Samstag eine geführte »Fikavandring« angeboten. Eineinhalb Stunden lang geht es durch fünf ausgewählte Cafés von Alingsås, wie ANy's Coffee House (www.anyscoffeehouse.se) mit seinen wunderbaren Zimtschnecken oder Ekstedts Bageri & Cafe von 1880 (www.ekstedtsbageri.se) mit eigener Kaffeerösterei.

Ljungblads Konditorei hat täglich geöffnet und backt natürlich selbst. Torten und Gebäck sind mehrfach prämiert. Lilla Torget 3, Tel. 0322 63 45 40, www.ljungbladsalingsas.se

Alingsås Turistbyrå · Bryggaregatan 2 · 441 81 Alingsås
Tel. 0322 61 62 00 · www.kafestaden.se

59 Street Art in Borås

»No Limit« nennt sich das zehntägige Kunstfestival in der Stadt Borås. Das ist natürlich etwas übertrieben, künstlerische Freiheit sozusagen. Aber nur ein wenig, denn was mitten in der Provinz Västergötland an großformatigen Bildern auf Hauswänden zu sehen ist, ist erstaunlich.

Wandgemälde, Murals oder Murs Peints kannten Neandertaler schon vor 64 000 Jahren. Berühmt sind die kraftstrotzenden Stiere, die unbekannte Künstler in Lascaux in der französischen Dordogne an die Wände ihrer Höhlen malten, Wandmalereien der Maya stellen den Maisgott dar, in Assuan zeigten 3500 Jahre alte Wandgemälde den ibisköpfigen Mondgott Thot. Die Trompe-l'œil-Malereien der Barockzeit gaukelten dem Betrachter geschickt illusionistische Architektur vor. Graffitiaktivisten unserer Tage, wie Keith Haring oder Harald Naegeli, der »Sprayer von Zürich«, galten mit ihren Tags und Writings zunächst als Wändebeschmierer, dann als Street-Art-Künstler. Inzwischen zählt nicht nur in Borås die künstlerische Gestaltung von Hausfassaden mit dekorativer oder Illusionsmalerei als kulturelle Attraktion. Mit ihrer Street-Art-Show der Superlative zieht die traditionelle Textilstadt mit 70 000 Einwohnern 60 Kilometer östlich von Göteborg viele Besucher an. Als Stadt der Skulpturen mit einem neun Meter großen »Pinocchio – walking to Borås« und hundert weiteren Plastiken hat sie sich bereits einen Ruf in der Kunstwelt erworben.

In den zehn Tagen im September, wenn Künstler aus aller Welt winzige und bis zu 25 Meter große Wandgemälde an die Hausfassaden bringen, kommen selbst Besucher aus Asien oder New York angereist und es wird voll in der schwedischen Provinz. Sie lassen sich vom gigantischen Bild eines Muralisten, der darauf wartet, dass der Regen aufhört, vom Fassadenbild eines grimmigen Adlers, der im Flug seine Federn verliert oder vom Fuchs im Blutrausch, der gerade Nils Holgerssons Gans zur Strecke gebracht hat, faszinieren. Das Turistbyrå bietet ganzjährig Rundgänge zu den im Winter illuminierten Wandgemälden an.

Borås Turistbyrå · Eriksonsplatsen 3 · 503 38 Borås · www.boras.com
NoLimit Festival · www.nolimitboras.com

Kunst gibt es nicht nur in Metropolen. Borås zeigt eindrucksvolle Fassadenbilder

60 Linnémarsch auf den Spuren des Naturforschers

Das bewaldete Rya Åsar Naturschutzgebiet nur wenige Kilometer nördlich des Städtchens Borås hat der berühmte Naturforscher Carl von Linné schon vor 280 Jahren erkundet. Die Hardliner buchen natürlich das Wanderprogramm für zwei Tage, mit insgesamt 57 strammen Kilometern. Doch es geht auch ein paar Nummern kleiner. Am Samstag und Sonntag des letzten Wochenendes im April bietet der Linnémarsch acht verschiedene Wanderrouten für jedes Alter und Fitnessniveau, und das schon seit mehr als 40 Jahren. Bei den sechs und sieben Kilometer langen Abenteuerwanderungen sind viele Familien mit Kindern, ja sogar Kinderwagen, dabei.

Borås Turistbyrå · Eriksonsplatsen 3 · 503 38 Borås
www.boras.com, www.linnemarschen.se

61 Mountainbike-Trips in Isaberg

Mitte April haben viele Mountainbiker ganz dick im Kalender angestrichen. Dann eröffnet die Isaberg Arena im Nordwesten von Småland die Sommersaison mit ihrem Biker-Programm. Durch den dunklen Wald und über Lichtungen, mit Passagen über dicke Buckelsteine und ausgebaute Parcours geht es talwärts. Räder können geliehen werden. Isaberg ist auch bei Liebhabern anderer Sportarten, zum Beispiel bei Kajak- und Kanufahrern, Wanderern oder Hochseilkletterern beliebt. Doch das Mountainbike-Programm mit zwölf speziellen Trails, zwei Pumptracks und einem neuen XC-Trail mit eingebauten Sprüngen und allerlei anderen Herausforderungen ist kaum zu toppen.

Stiftelsen Isabergstoppen · 335 03 Hestra
Tel. 0370 33 93 00 · www.isaberg.com

Isaberg ist ein Mekka des Mountainbiking, mit mehr als einem Dutzend Strecken

Die alte Huskvarna-Fabrik ist heute ein Industriemuseum mit Atmosphäre
Bei Jönköping wurden einst mit der Streichholzproduktion Vermögen verdient

Der Zündholzkönig von Jönköping

62

In Jönköping stand einst die älteste Streichholzfabrik der Welt, 1848 gegründet. In ihren Räumen können sich Besucher heute über den Siegeszug der Sicherheitsstreichhölzer informieren, über die Lebensbedingungen der Arbeiter und den Aufstieg und Fall des schwedischen »Zündholzkönigs« Ivar Kreuger.

Heute, im Zeichen der weltweiten Ächtung des Rauchens, ist kaum noch zu verstehen, dass in der ersten Hälfte des 20. Jahrhunderts mit der Produktion und dem Vertrieb von Zündhölzern der Aufbau eines weltweiten Industrie- und Finanzimperiums mit vielen Zehntausend Beschäftigten möglich war. Doch dem Industriellensohn Ivar Kreuger gelang es in der Zeit nach dem Ersten Weltkrieg, sich mit großen Krediten zu günstigen Konditionen an viele Länder, unter anderem auch an die Weimarer Republik, Monopole für den Vertrieb von Zündhölzern zu erkaufen. Sein Imperium brach zusammen, als Deutschland und andere Länder Zins- und Tilgungszahlungen unterbrachen und auch er die Banken nicht mehr bedienen konnte. Kreugers Leben endete 1932 in einem Pariser Hotel durch eine Kugel, wahrscheinlich Selbstmord. In Jönköping, einer Stadt mit knapp 100 000 Einwohnern an der Südspitze des Vätternsees, wird die Geschichte der Zündholzproduktion im Streichholzmuseum aufgeblättert. Von der eher bescheidenen Fabrikation im Betrieb von Edvard Lundström, der das wenige Jahre vorher von Gustaf Erik Pasch erfundene Sicherheitsstreichholz produzierte, bis zum Industriegiganten Ivar Kreuger. Doch nicht nur die Macher kommen zu Wort. Eine rekonstruierte Arbeiterwohnung zeigt die Lebensbedingungen von Menschen, die mithalfen, die Streichholzindustrie aufzubauen. Die Arbeiter mussten mit dem stark gesundheitsgefährdenden Phosphor hantieren. Das im Museum dargestellte Leben der Arbeiterin Lena Törnqvist zeigt zudem, dass Frauen bei gleicher Arbeit deutlich weniger Gehalt bekamen als ihre männlichen Kollegen.

Huskvarna steht für Nähmaschinen, für Waffen, oder für Geräte zur Gartenpflege. Das Industriemuseum zeigt Industrie- und Alltagsgeschichte aus gut drei Jahrhunderten (www.husqvarnamuseum.se).

Tändsticksmuseet · Tändstickgrand 27 · 553 15 Jönköping
Tel. 036 10 55 43 · www.matchmuseum.se

63 Polkaschweine zum Lutschen

Auch wenn die Herkunft des außergewöhnlichen Namens »Polkagrisar«, übersetzt Polkaschweine, im Dunkel der Süßigkeiten-Geschichte liegt: Beliebt sind sie allemal. Selbst in der Sommerferienzeit, wenn angeblich alle Schweden ihr Schärenhäuschen bewohnen, herrscht in Grännas Hauptstraße Einkaufstrubel.

Die 35-jährige Witwe Amalia Eriksson hatte 1859 die richtige Mischung für leckere Bonbons gefunden, nachdem sie vom Magistrat der Stadt Gränna die Lizenz erhalten hatte, Süßigkeiten und Gebäck herzustellen und zu verkaufen, um den Lebensunterhalt für sich und ihre Kinder zu sichern. Der Ort Gränna lag dafür gar nicht schlecht. Die alte Straßenverbindung zwischen Stockholm und Göteborg führte südlich vom Vätternsee entlang, genau durch den Ort. Ideal für einen Boxenstopp und ein nettes Mitbringsel. Das Rezept für die Polkaschweine hört sich nicht allzu kompliziert an: Wasser und Essig wird mit Zucker vermischt und köchelt so lange, bis eine zähe, teigähnliche Masse entsteht. Nun kommt alles auf den Knettisch und wird tüchtig bearbeitet. Der kleinere Teil wird rot eingefärbt, zum helleren kommt Pfefferminzöl. Nun werden beide Teile einzeln zu länglichen »Würsten« gerollt, die dann zusammengefügt und zügig weitergerollt werden müssen, bis Länge und Durchmesser stimmen. Die Masse muss geschmeidig bleiben. Dann können die fertigen »Polkagrisar« trocknen und aushärten. Ein schwedischer Weihnachtsbaum ist nicht vollständig, wenn nicht mehrere Mini-Ausgaben dieser Spazierstöcken ähnelnden Zuckerstangen in den Tannenzweigen hängen. In manchen der vielen Läden in Gränna können Passanten von außen durch die Fensterscheiben zusehen, wie in den Backstuben der Teig zubereitet wird. Inzwischen kann man über 20 verschiedene Farben, Formen und Geschmacksrichtungen der geringelten Zuckerstangen erstehen, doch der Klassiker bleibt rot-weiß, spiralförmig gedreht. Kaum zu glauben, doch jedes Jahr reisen angeblich 1,5 Millionen Menschen nach Gränna, um durch den überschaubaren Ort zu schlendern, vor allem aber, um sich mit den sündhaft leckeren Süßigkeiten einzudecken.

Laden mit Kocherei: Polkapojkarna · Brahegatan 59 · 563 32 Gränna
Tel. 0390 120 50 · www.polkapojkarna.se

Schön bunt und schön süß. Die echten »Polkagrisar« werden von Hand gemacht
In der Polka-Küche werden Zuckerstangen aus Wasser, Zucker und Essig gemacht

Das Kloster erinnert an die heilige Birgitta, die 1303 in Schweden geboren wurde

Pilgerweg durch Schwedens grüne Mitte

64

Die heilige Birgitta lebte vor 700 Jahren und wird im protestantischen Schweden noch heute verehrt. Ein Pilgerweg, der »Birgittaleden«, führt von Söderköping über Linköping bis nach Vadstena am Vätternsee, wo die Überreste der frommen Nonne in der alten Klosterkirche aufbewahrt werden.

Der 2011 eingeweihte »Birgittaleden« hat so viel Interesse bei Wanderern und Radfahrern geweckt, dass er bereits nach fünf Jahren um zusätzliche 62 auf insgesamt 145 Kilometer erweitert wurde. Zum 700. Geburtstag von Birgitta (1303–1373) pilgerten mehr als 100 000 Menschen nach Vadstena. Die Nonne entstammte einer der mächtigsten Familien Schwedens, der Vater Birger Persson gehörte dem Kronrat an. Mit 13 Jahren wurde sie mit einem Adligen verheiratet und gebar in 20-jähriger Ehe acht Kinder. Als ihr Mann auf einer Pilgerreise nach Santiago de Compostela starb, offenbarte Birgitta wiederkehrende Visionen und gründete schließlich den »Erlöserorden« in Vadstena, für den sie in Rom schließlich auch eine die Genehmigung erhielt. Sie blieb jedoch dort und mischte sich, wie schon in Schweden, in die Politik ein. Sie versuchte Frieden zwischen England und Frankreich zu stiften, und die Päpste zur Rückkehr aus Avignon zu bewegen. Ihre fortdauernden Visionen, wie beispielsweise über die Geburt von Jesus, wurden ebenso wie die von ihr aufgestellten Ordensregeln aufgezeichnet. Ihre Tochter Katharina, spätere Äbtissin des Klosters, ließ ihren Leichnam 1373 nach Vadstena überführen. Knapp 20 Jahre nach ihrem Tod wurde Birgitta vom Papst heiliggesprochen. Auch wenn das alte Kloster nach der Reformation geschlossen und die aus blaugrauem Kalkstein errichtete gotische Klosterkirche von der protestantischen Svenska Kyrkan übernommen wurde, ist die Verehrung für Birgitta und ihr Wirken lebendig. Einige Nonnen leben wieder in einem, allerdings neuerbauten, Konvent mit eigener Kapelle.

Das trutzige Vasa Schloss wenige hundert Meter südlich vom Kloster ist von einem Wassergraben umgeben und lohnt unbedingt einen Besuch (www.vadstenadirect.se).

Pilgrimscentrum Vadstena · Klostergatan 7 · 592 30 Vadstena · Tel. 0143 105 71 www.pilgrimscentrum.se · **St. Birgittas Kloster Pax Mariae** · Myntbacken 2 592 30 Vadstena · Tel. 0143 109 43 · www.birgittaskloster.se

65 Ein Denkmal für Graf Baltzar

Vier Tage benötigt die historische »MS Juno« für die 390 Kilometer lange Strecke quer durch Schweden von Göteborg bis nach Stockholm. Eine geruhsame Fahrt auf Flüssen, Seen und Kanälen durch die grüne Mitte des Königreiches. An Bord sind Passagiere aus aller Welt, die nostalgische Bootsabenteuer zu schätzen wissen.

Bei Motala, einem Kanalstädtchen des Göta-Kanals am Westufer des Vätternsees grüßt der Steuermann der »MS Juno« zum wuchtigen Grabstein Baltzars von Platen hinüber. Der Seeoffizier und Graf aus Schwedisch-Pommern hatte König Gustav IV. Adolf einst für den Bau einer Wasserstraße begeistern können. Von 1810 an begannen 58 000 schwedische Soldaten zunächst bei Motala Erde auszuheben und den Schutt der weggesprengten Felsen zu beseitigen. Auch moderne Technik, wie der in der ersten Maschinenfabrik Schwedens in Motala gefertigte Dampfbagger, kam zum Einsatz. Ziel war es, den langwierigen Transport von Eisen und Holz zwischen der schwedischen Ost- und Westküste um Südschweden herum abzukürzen und gleichzeitig die hohen Sundzölle der Dänen zu umgehen. 1832 wurde der 190 Kilometer lange Kanal schließlich eingeweiht, der zusammen mit dem Trollhätte-Kanal, dem Göta älv und dem Vänern- und Vätternsee eine durchgehende Schiffsverbindung quer durch Südschweden ermöglichte. Der erhoffte wirtschaftliche und militärische Nutzen sollte sich jedoch nicht einstellen – nicht zuletzt wegen der nur eineinhalb Jahrzehnte später in Betrieb genommenen Eisenbahnlinie. Seitdem hat die alte Wasserstraße mit einer Tiefe von nur drei Metern vor allem seinen Reiz wegen der Fahrt mit den historischen Passagierschiffen. Die »MS Juno« ist schon seit 1874 unermüdlich im Einsatz und damit das älteste diensthabende Passagierschiff der Welt. Auch illustre Schiffspassagiere, wie Hans Christian Andersen oder Henrik Ibsen, haben die entspannte Passage über Seen und Kanäle, vorbei an Feldern und Wäldern, schon genossen.

»Die Tote im Göta-Kanal«, ein Kommissar-Beck-Roman von Maj und Per Wahlhöö über eine Tote im Schleusenbecken von Motala, die niemand vermisst und keiner kennt.

Göta Kanal Aktiengesellschaft · www.gotakanal.se · Tourist Information Motala
Zollkammer in Motala Hafen · Platensgatan · Tel. 0141 10 12 05 · start.motala.se

Die »MS Juno« wurde 1874 in Motala gebaut und befährt seitdem den Göta-Kanal

Einen Fahrstuhl gibt es nicht, doch einige Treppenstufen sollte man schon erklimmen können
Wer im Baumhaus Islanna übernachtet, fühlt sich dem Himmel etwas näher

Wie im siebten Himmel – Im Baumhaushotel Islanna

66

Wer schon einmal auf Borneo war oder im tiefen Dschungel Südamerikas, hat gesehen, wie Einheimische in Baumhäusern leben. Losgelöst von der Erde, auf Du und Du mit Vögeln und anderen Baumbewohnern, das ist auch in Schweden möglich: nicht weit von Falköping, zwischen Vänern- und Vätternsee.

Der alte nordische Gott »Is« selbst soll Hügel und Felsen so arrangiert haben, wie es ihm gefiel. Später musste er dem mächtigen Sonnengott weichen, der das Areal schließlich den Menschen zum Siedeln überließ. Ann Charlotte und Bo Ottosson haben den Platz für ihren Bauernhof und das Baumhaushotel nach der alten Sage benannt. Schon lange waren sie auf ökologische Produktion von Kartoffeln und anderen Produkten umgestiegen, die sie auf Märkten und im Hofladen verkauften. Schließlich eröffneten sie ein Café in einer alten Scheune. Da wurden Geburtstagsfeiern gebucht, und immer häufiger luden frisch getraute Paare unter den Eichenbäumen im Garten an langen Tischen zum Hochzeitsfest. Deren verständlicher Wunsch nach einem romantischen Ort für die Hochzeitsnacht führte schließlich zu der Entscheidung, in einem besonders mächtigen Eichenbaum, hoch über den Niederrungen des Alltags, ein Hotelzimmer mit zwei Terrassen zu bauen. Wie eigentlich vorherzusehen, fand die Idee gewaltigen Anklang, nicht nur bei Hochzeitspaaren. Und so gibt es seit Kurzem neben dem Baumhaus »Andrum« ein zweites, passenderweise »Sjunde Himlen«, siebter Himmel genanntes Baumhaus, das gediegener und verspielter daherkommt, mit Obergeschoss, Holzverzierungen und grünem Dach, wie ein kleines Sommerhaus am Meer. Für das Frühstück müssen Baumhausgäste ihr Paradies nicht verlassen. Es wird in einem Korb zur Terrasse hochgezogen. Das Café gibt es 2018 bereits ein Vierteljahrhundert. Es öffnet im März, und mit etwas Glück sind Brot und der leckere Kuchen noch warm und gerade aus dem kleinen Backhaus, der »Bagarstuga«, herübergebracht worden.

Die Baumhausmahlzeit wird in der Restaurantscheune serviert und jeden Tag ausschließlich für Baumhausgäste zubereitet. (Fast) alles, auch Wein und Bier haben Bio-Qualität.

Trädhushotell Islanna · Ugglum Islanna · 521 94 Falköping
Tel. 0730 62 33 19 · www.islanna.com

67

Elch zum Frühstück?

Schwedische Bilderbuchlandschaft zwischen Vänern- und Vätternsee rund 120 Kilometer nordöstlich von Göteborg. Kleine Orte mit vielen, bunt angemalten Häusern, und auf den Getreidefeldern wiegen sich Halme im Sommerwind. Hier gedeiht das Korn für das wohl beste Knäckebrot des Königreichs.

»Välkommen«, Annalena öffnet die Tür zur Backstube von »knäck & bräck«. Es duftet nach frischem Lingonknäckebrot mit Preiselbeeren aus dem nördlichen Dalarna. Die gut gelaunte Bäckerin zeigt einen Ausstecher mit den Umrissen eines Elches: »Den hat unser Schmied im Ort hergestellt.« Das hauchdünne Knäckebrot mit der Form des schwedischen Nationaltieres gehört zu den Rennern in Annalenas Sortiment. Vor gut zehn Jahren hat sich die muntere Bäckerin auf Knäckebrot spezialisiert, und das knusprige, hauchdünne Brot hat ihr in kürzester Zeit eine schnell wachsende, landesweite Fangemeinde eingebracht. Und da Annalena Brage schon immer der Meinung war, dass Knäckebrot viel besser schmecken könnte als viele industriell gefertigte Produkte, wollte sie das perfekte Knäckebrot backen. Als Eine-Frau-Betrieb gestartet, sind inzwischen diverse Mitarbeiter im Manufakturbetrieb beschäftigt, bestäuben die ausgestanzten Formen mit Mehl, schieben die Bleche in den Backofen, wiegen die ausgekühlten Knäckebrote, verpacken sie in durchsichtige Tütchen und versehen sie mit einem Aufkleber, alles zu schwedischer Gute-Laune-Popmusik. Schließlich gilt es die rasant gestiegene Nachfrage zu befriedigen. Neben vielen Dutzend Geschäften in Schweden versorgt sie auch Harrods in London sowie Abnehmer in Deutschland, Hongkong, Finnland oder der Schweiz. Auch das schwedische Königshaus hat bereits ihre Elche geordert. Inzwischen gibt es über ein Dutzend Geschmacksrichtungen, eine leckerer als die andere. Dem beliebten herzförmigen Dinkelknäcke verleihen Sonnenblumenkerne, Leinsamen, Kreuzkümmel und Anis den besonderen Geschmack.

Falbygdens Osteria AB: Naschen, Essen, Kaufen. Berühmt ist das Restaurant für sein Käsebuffet, Göteborgsvägen 19, 521 30 Falköping, www.alskadeost.se.

Knäck & Bräck · Östra Tunhem Stommen 3 · 521 94 Falköping
Tel. 0515 102 40 · www.knackobrack.se

Elche gibt es in mehreren Variationen, alle sind hauchdünn und knusperknackig
Wenn Worte für die Liebe nicht reichen, kann man Knäckebrot sprechen lassen

Ein Denkmal für die Kraniche. Sie sind nach der Renaturierung zurückgekommen
Das Naturum Hornborgasjön informiert über Lebensart und den Flug der Kraniche

Tanz der Kraniche

68

Mehr als hundert Jahre lang war der Hornborgasjön, ein 28 Quadratkilometer großer See nördlich von Falköping, bereits malträtiert worden, um Ackerflächen zu gewinnen. Dann begann ein Umdenken. Viele Rettungsaktionen und 40 Jahre später sind auch die Kraniche zurück und rasten auf dem Weg zu den Brutplätzen im Norden.

Im Frühjahr ist der Andrang am größten. Zehntausende Kraniche fallen zur gleichen Zeit ein. Sie sind auf dem Weg von ihren Winterquartieren im Süden Spaniens oder in Nordafrika unterwegs in den hohen Norden. Am Hornborgasjön wird die letzte Rast auf dem langen Weg eingelegt. Es gilt Kraft zu tanken für die letzte Etappe, und, fast noch wichtiger, sich bei der Partnersuche gleich wieder zu verausgaben. Ein bis zwei Wochen bleiben die Stelzenvögel. Früher, als nahe beim Ufer noch Kartoffeln angebaut wurden, gab es reichlich Nahrung in Form von nicht geernteten Resten. Heute wird in dieser Zeit bis zu eine Tonne Getreide täglich ausgelegt, um die hungrigen Vögel zu versorgen. Die bieten von März bis April vier bis sechs Wochen lang Tausenden Besuchern ein ungewöhnliches Spektakel. Die Nächte verbringen die Tiere überwiegend stehend im flachen Uferbereich des Sees, wo sie vor etwaigen Raubtieren sicher sein können. Morgens starten sie zum Futterplatz, der bald zum Tanzplatz wird. Die Kraniche verbeugen sich, springen mit ausgebreiteten Flügeln und flattern, stoßen trompetenartige Laute aus und werfen Gras in die Luft. Der »trandansen« ist eine kraftraubende Sache, doch bei der Balz finden sich die Paare, die später auf den Brutplätzen ganz im Norden Skandinaviens für Nachwuchs in der Kranichfamilie sorgen. Die Tiere kommen wenige Monate später, im Spätsommer und Herbst, mit ihrem Nachwuchs wieder im Naturschutzgebiet vorbei. Dabei sind sie jedoch deutlich ruhiger und dieses Mal auf dem Weg nach Süden. Für die Jungtiere wird es der erste Langstreckenflug.

Das Naturum Hornborgasjön, ein Informationspavillon auf Stelzen, informiert beim Ostufer über die Geschichte des Sees und seine Vogelwelt (geöffnet etwa von Mitte März bis September).

Naturum Hornborgasjön · 521 98 Broddetorp · Tel. 010 224 50 10
extra.lansstyrelsen.se/hornborga/De

69 Liebesexil im Märchenschloss

Magnus Gabriel De la Gardie hatte einen klangvollen Namen und machte – zumindest in jungen Jahren – gehörigen Eindruck auf die Damenwelt. Angeblich gehörte auch die schwedische Königin Christine zu seinen Eroberungen. Als er in Ungnade fiel, zog er sich zeitweise auf Schloss Läckö zurück und ließ es prachtvoll umbauen.

Wie ein Märchenschloss liegt das barocke Läckö am Ufer des Vänernsees, dekorativ auf die schmale, in den See ragende Landzunge Kallandsö platziert. Ein dreistöckiges Hauptgebäude, ganz in Weiß, und vierstöckige Türme mit dunkel abgesetzten Dächern. Magnus Gabriel De la Gardie, dessen Vorfahren aus dem Languedoc stammten, erbte das befestigte Renaissanceschloss 1652 als 30-Jähriger neben Hunderten anderer Besitztümer von seinem Vater. Dieser hatte im schwedischen Heer Karriere gemacht und war zu großem Einfluss gekommen. Gabriels eigene Erfahrungen mit der Politik waren zumindest zwiespältig. Frisch von der Universität in Uppsala und einigen Bildungsreisen ins Ausland nach Stockholm zurückgekehrt, fand Königin Christine offenbar Gefallen an dem schneidigen Edelmann. Sie überschüttete ihn mit zahlreichen Titeln und Lehen und ernannte den gerade einmal 23-Jährigen zum Oberst ihrer Leibgarde. Nachdem er bald darauf als Gesandter Schwedens nach Frankreich geschickt worden war und nach seiner Rückkehr eine Jugendfreundin von Christine geheiratet hatte, ging es noch eine Zeit lang gut. Doch schon wenige Jahre später fiel er in Ungnade und zog sich auf Schloss Läckö zurück. Innerhalb weniger Jahre ließ er das Renaissanceschloss barock überbauen, eine Schlosskirche kam hinzu. Auch bei der Innendekoration wurde nicht gespart. Architekten und Künstler, unter anderem aus Polen und Deutschland, schufen Schlachtengemälde, mythologische Szenen und im Königsaal ein Deckengemälde mit 13 Engeln. Wie für heutige Besucher bei einer Führung unschwer zu erkennen ist, kann auch aus Beziehungsproblemen Kunstvolles entstehen.

Restaurant Hvita Hjorten, im modernen Naturum Gebäude direkt beim Schloss. Mit eigenem Gemüse- und Kräutergarten. Tel. 0510 105 00

Stiftung Schloss Läckö, Besucherzentrum, Naturum, Vänerskärgården – Victoriahuset
531 99 Lidköping · Tel. 0510 48 46 60 · www.lackoslott.se

Bei Windstille gibt es Schloss Läckö doppelt, real und als Spiegelung im Wasser
Im Schloss sind auch ein Restaurant und ein Naturzentrum untergebracht

Beim Håverud-Aquädukt kreuzen sich Wasserweg, Straße und eine Brücke für Schiffe

Das Aquädukt von Håverud

70

Ganz im Norden von Südschweden hat die Natur eindeutig die Oberhand. Naturwunder unberührter Landschaften berühren jedoch die Seele. Dennoch, selbst hier, gibt es Bauten schwedischer Industriearchitektur, die in Staunen versetzen. Das einzigartige Aquädukt von Håverud gehört sicher dazu.

Eigentlich ist es unfair, nur vom Dalsland-Kanal zu sprechen. Schließlich sind es insgesamt zwölf Kilometer Kanalstrecke mit 17 Schleusenanlagen und 31 Schleusenkammern, die eine Fallhöhe von 66 Metern überbrücken. Skippern erschließt sich damit ein riesiges Areal von kleinen und großen Seen, Fjorden und Buchten mit einer Gesamtlänge von 250 Kilometern, das sich vom nordwestlichen Ufer des Vätternsees über die Landschaft von Dalsland bis nach Värmland erstreckt. Die Kanalpassagen gehören zu den schönsten Europas. Der Grund für den Bau der Kanäle war jedoch nicht, die landschaftliche Schönheit zu erschließen. Für Nils Ericson, Ingenieur und führender Kanalbauer Schwedens, galt es vor rund 150 Jahren, die Verbindung von den Eisenerzminen im Norden zu den Verhüttungsbetrieben weiter im Süden und den Seehäfen herzustellen. Nachdem der Abbau des Erzes unrentabel geworden war, ging es vor allem um den Transport von Holz. Doch schon lange werden die Baumstämme per LKW transportiert, und Urlauber und Ausflügler haben deren (wirtschaftliche) Rolle übernommen. Wer nicht mit dem eigenen Motorboot oder mit einem Kajak und eigener Muskelkraft unterwegs ist, kann eine Panoramafahrt mit der »MS Storholmen« unternehmen. Das über 120 Jahre alte Passagierschiff ist schon seit 80 Jahren auf dem Kanal im Einsatz und zieht gemächlich, aber zielstrebig von Håverud nach Norden. Dieser kleine Ort birgt eine besondere Attraktion: das Håverud-Aquädukt, eine einzigartige Kreuzung von Wasserweg, Straße und einer Trogbrücke für Schiffe, die über drei Ebenen verfügt. Von den 33 000 Nieten der im Jahre 1868 erbauten Schiffsbrücke, so heißt es, musste bislang nicht eine einzige ausgewechselt werden.

Dalsland Kanal · Nils Ericsons väg 1 · Upperud · 464 72 Håverud
Tel. 0530 447 50 · www.dalslandskanal.se
Storholmen Kanaltrafik · Tel. 0531 106 33 · www.storholmen.com

71

Cool in Åmål – Bluesfestival am Vänernse

In Deutschland hieß der Kinofilm über Jugend, Leben und Liebe in der (schwedischen) Provinz ganz zahm »Raus aus Åmål«, der englische Originaltitel war da weitaus drastischer. Dabei hat Åmål deutlich mehr zu bieten, als Frust über provinzielle Sexualmoral. Åmåls Bluesfestival gibt es schon länger als 25 Jahre und es ist das größte und coolste in Schweden, am Ufer des Vänernsees 170 Kilometer nördlich von Göteborg. Das Line-up listet nationale und internationale Bluesgrößen auf und kombiniert sie mit vielversprechenden Newcomern – insgesamt mehr als 100 Künstlern, die an einem Wochenende Mitte Juli parallel auf fünf Bühnen spielen.

Blues Office · Kyrkogatan 10 · 662 31 Åmål
Tel. 0532 713 98 · www.bluesfest.net

72

John, Paul, George and Ringo were here

An den 25. Oktober 1963 wird man sich in Karlstad noch lange erinnern. Der Auftritt der Beatles brachte die komplett versammelte Jugend des Städtchens in der Aula des örtlichen Waisenhauses zum Kochen. Erst 2016 wurde eine von den »Fab Four« signierte Schülerzeitung in London für mehr als 20 000 Euro versteigert. Auf Anfrage kann man noch heute die beiden Zimmer im renommierten Stadthotel erfragen, in denen die Jungs aus Liverpool abstiegen. In der Königssuite übernachten häufiger berühmte Gäste. Das zweite damals gebuchte Zimmer heißt auch heute noch »Beatles Room« und ist mit Postern und Presseausschnitten vom Konzert in Karlstad dekoriert.

Elite Stadshotellet Karlstad · Kungsgatan 22 · 651 08 Karlstad
Tel. 054 29 30 00 · www.elite.se

Das Stadshotellet war einst die Herberge der Beatles beim Konzert in der Stadt

73 Weltliteratur aus Värmland

Selma Lagerlöf hat mit »Gösta Berling« oder »Die wunderbare Reise des kleinen Nils Holgersson mit den Wildgänsen« Weltliteratur geschrieben. 1909 erhielt sie als erste Frau den Nobelpreis für Literatur. Ein Jahr zuvor hatte sie ihr Geburtshaus Mårbacka zurückgekauft, in dem sie bis zu ihrem Tod 1940 lebte.

In der Bibliothek ihres Hauses Mårbacka sind viele Romane und Schriften von Selma Lagerlöf entstanden. Das Haus ihrer Eltern, in dem sie 1858 geboren wurde, musste wegen wirtschaftlicher Probleme fünf Jahre nach dem Tod des Vaters 1890 verkauft werden. Zu dieser Zeit war sie bereits ausgezogen und arbeitete in Landskrona als Lehrerin. Selma Ottilia Lovisa Lagerlöf war eine geborene Geschichtenerzählerin mit Humor und Mitgefühl, die an ihrer Heimat und deren Bewohner interessiert war, aber vor allem an allgemein menschlichen Konflikten und Problemen, wie Schuld und Sühne, Liebe und Enttäuschung oder der Furcht vor Verlust. Der zunehmende Erfolg als Schriftstellerin veranlasste sie, den Lehrerinnenberuf an den Nagel zu hängen. 1906 erschien »Nils Holgersson«, ein Schwedenbuch par excellence und gleichzeitig ein Welterfolg. Die Auszeichnungen und Würdigungen gipfelten im Literaturnobelpreis, der ihr, als erster Frau überhaupt, 1909 verliehen wurde. Auf Mårbacka sieht es noch so aus wie zu Lagerlöfs Lebzeiten: ein repräsentatives Gutshaus, das sie in den 1920er-Jahren neu hatte errichten lassen, mit einer baumbestandenen Rasenfläche davor. Ein Teich, dazu Obstbäume und Sträucher sowie Beete mit Gemüse, Kräutern und Blumen vervollständigen die sorgsam gepflegte Idylle. In ihrem Testament verfügte Selma Lagerlöf, Mårbacka solle als Erinnerungsstätte erhalten werden und Besuchern offen stehen, die das Haus im Rahmen einer Führung besichtigen können. Im Café gibt es hausgebackenen Kuchen, natürlich mit varmländischem »Skrädmjöl«, Mehl aus geröstetem Hafer.

Es ist ein Vergnügen durch den Skulpturengarten und zum Herrenhaus im Rottneros Park, das nach »Ekeby« in Lagerlöfs Roman »Gösta Berling« gestaltet ist, zu schlendern (www.rottnerospark.se).

Mårbacka Minnesgård · Mårbacka 42 · 686 96 Östra Ämtervik
Tel. 0565 310 27 · www.marbacka.com

Gemütlich und voller Bücher, so präsentiert sich Selma Lagerlöfs Haus Mårbacka
Der Ruhm der Schriftstellerin und Nobelpreisträgerin strahlte weltweit

Durch die einsamen früheren Gebiete Waldfinnen führen Wanderwege
Skilanglauf mitten durch den Berg. Mit einem Skitunnel bei Torsby kein Problem

Die Waldfinnen von Schweden

74

Mitte des 17. Jahrhunderts wanderten Tausende Einwanderer aus dem Osten Finnlands nach Schweden ein. Sie ließen sich auch in Värmland nieder, angelockt von den Versprechungen, Land und Steuererleichterungen zu bekommen. Kulturelle Spuren der Waldfinnen sind auch heute noch zu finden.

Fast 700 Jahre gehörte Finnland zum schwedischen Königreich, zwischenzeitlich war es immer wieder von Russland besetzt. Erst nach dem Russisch-Schwedischen Krieg von 1808/1809 mussten die Schweden Finnland endgültig an das russische Zarenreich abtreten. Torsby, einer der Hauptorte der waldfinnischen Besiedlung, kann man nicht gerade als dicht besiedelt bezeichnen. Der Ort am nördlichen Ende des langgezogenen Fryken-Sees ist jeweils etwa 300 Kilometer Luftlinie von Stockholm und Göteborg entfernt. Im Vergleich zu Deutschland mit einer Bevölkerungsdichte von etwas weniger als 240 Menschen pro Quadratkilometer, verlieren sich in Torsby gerade einmal knapp drei auf derselben Fläche. Die Finnen ließen sich, abseits der damals landwirtschaftlich genutzten Flächen, an Seeufern oder in Flusstälern nieder: Im dichten Wald schufen sie durch Brandrodung neue Ackerflächen. Die Wälder, in denen ihre einsamen Gehöfte lagen, nannte man Finnskogen (Finnenwald). Das Finnskogscentrum bewahrt das kulturelle Erbe der Waldfinnen, die Blockhäuser ohne Schornstein, sogenannte Rauchstuben bauten. Aus Birkenrinde fertigten sie Gefäße, Messerscheiden oder Schuhe. Ein 85 Kilometer langer Fernwanderweg, der Finnskogsleden, führt durch eine fast menschenleere Landschaft. Und wer nach stundenlangem Fußmarsch ein als Raststätte hergerichtetes, früheres Gehöft erreicht, sich in der Rauchstube ausruht und von den Sagen und Mythen hört, von geheimnisvollen Kreuzen im Boden, über denen nichts wächst, oder von Heilern, die Krankheiten auf Bäume übertragen konnten, bekommt einen kleinen Eindruck vom einsamen und entbehrungsreichen Leben der Waldfinnen.

Skilanglauf im Sommer im 1,3 Kilometer langen Skitunnel am nördlichen Ortsrand von Torsby (Vasserudsvägen 11). Auf rund acht Metern Breite haben mehrere Spuren nebeneinander Platz.

Torsby Finnskogscentrum · Juni–August tgl. geöffnet · Lekvattnet 84 · 685 91 Torsby
Tel. 054 701 19 90 · www.varmlandsmuseum.se · 25 Kilometer westlich von Torsby an der E16

75

Huckleberry Finn auf dem Klarälven

Lange war der insgesamt 460 Kilometer lange Fluss Klarälven die Haupttransportstrecke für die in den dichten Wäldern Värmlands gefällten Baumstämme. Inzwischen sind auf dem in Mäandern verlaufenden Gewässer auch Flöße mit Urlaubern auszumachen, die die gemächliche Fahrt genießen.

Zugegeben, die Arbeit und das Leben der Flößer im Grenzgebiet von Norwegen und Schweden war deutlich härter und risikoreicher. Sie begleiteten die in den Wäldern geschlagenen Baumstämme den Fluss hinunter, nach Karlstad am Vänernsee bis zum Sägewerk oder zur Zellulosefabrik. Hatten sich die Stämme ineinander verkeilt, mussten sie nicht selten mit Dynamit auseinandergesprengt werden. Eine riskante Arbeit war das »Tanzen« auf den Baumstämmen im Wasser ebenso wie das Hantieren mit Dynamit. Um die Natur hautnah erleben zu können, werden heutzutage derlei Anforderungen nicht mehr gestellt. Doch zunächst einmal muss ein Floß gebaut werden. Nach Anleitung und mit Hilfestellung fügen sich drei Lagen von bereits passend geschnittenen Rundhölzern fast wie von selbst ineinander und werden mit Seilen fest verzurrt. Zwei schräg gespannte Planen dienen als Sonnen- oder Regenschutz. Ein Kanu ist immer dabei, quasi als Beiboot. Auf dem Floß entwickeln sich Gespräche, für die im hektischen Stadtalltag kaum Zeit ist. Der Proviant in der Seekiste wird am Lagerfeuer oder mit dem Kocher zubereitet. Abends schlafen einige an Land, vielleicht auf einer Sandbank, andere bleiben an Bord und schauen von hier zu den Sternen hinauf. Mancher wundert sich, dass auch ein Leben »offline« große Reize hat. Der Fluss ist eher zahm und fließt gemächlich mit ein bis drei Stundenkilometern Richtung Süden. Trotzdem hält er für Amateurkapitäne aufregende bis abenteuerliche Herausforderungen bereit. Felsen im flachen Flussbett oder Sandbänke erfordern Aufmerksamkeit und den Einsatz von Paddel oder Stakstange. Auch Wildtiere, wie Elche und Rehe, schauen aus dem Unterholz hervor, mit etwas Glück entdeckt man sogar einen Biber. Am Zielort wird das mit Seemannsknoten und Schlaufen vertäute Floß schnell wieder auseinandergebaut.

Vildmark i Värmland · 685 25 Torsby · Tel. 0560 140 40 · www.vildmark.se

Der ruhige Klarälven-Fluss ist ideal, um mit dem Floß gemütlich übers Wasser zu gleiten
Für die Flöße werden Baumstämme nach Bauplan vertäut

76

Einmal rund um den Vätternsee

Ein Volksfest auf zwei Rädern mit 20 000 Gleichgesinnten: Die Rundfahrt mit dem Fahrrad um den Vätternsee wird schon seit 1966 jedes Jahr am Wochenende vor dem Mittsommernachtsfest ausgetragen. Wer sich nicht die ganze Strecke zutraut, kann sich eine Woche vorher auf kürzeren Strecken bewähren.

Klar ist es schön, vorne mitzufahren, doch der Spaß an der Sache ist wichtiger. Und den muss man rund 300 Kilometer lang behalten. So lang ist die Strecke einmal um den zweitgrößten See Schwedens, der von Motala über eine Kette kleinerer Seen in die Ostsee entwässert wird. Der »Halvvättern« bietet all denen Erfolgserlebnisse, die sich auf einer Distanz von 150 Kilometern bewähren wollen, der »Tjejvättern« über 100 Kilometer bleibt den Frauen vorbehalten. Vielleicht weichen auch einige auf die kürzeren Distanzen aus, weil sie sich zu spät angemeldet haben, denn die Teilnehmerzahl des »Vätternrundan« ist aus organisatorischen Gründen auf 22 000 begrenzt. Dieses Limit wird meist schon im Oktober des Vorjahres erreicht. Für alle geht es um ein herrliches Radelvergnügen in hellen Sommernächten, inmitten der Natur und am Ufer eines Sees mit besonders klarem Wasser entlang. Die durchschnittliche Fahrzeit für die 300 Kilometer lange Strecke beträgt etwa zwölf Stunden. Die schnellsten sind schon nach acht Stunden am Ziel, einige Genussradler lassen sich 20 Stunden Zeit. Neun Service- und Essensstützpunkte entlang der Strecke und Servicefahrzeuge, die bei Pannen helfen oder erschöpfte Radler aufsammeln, gewährleisten perfekten Rundum-Service: Das bedeutet rund 30 000 Portionen Kartoffelpüree mit Würstchen, ca. 160 000 Brötchen, Unmengen an Kaffee und Energydrinks, alles bereitgestellt von 4000 freiwilligen Helfern. Motala ist meist Start- und Zielpunkt der Langstreckenradler. Ein idealer Ort, um vor- oder nachher einige extra Urlaubstage einzulegen. Denn just zu dieser Zeit wird entlang dem Göta-Kanal der Kulturvåg, die Kulturwelle, mit Rock- und Klassikkonzerten, Ausstellungen und Liederabenden veranstaltet.

Allgemeine Infos zu Fahrradangeboten in der Region: www.orebrocyklisterna.se
Alles über die Rundfahrt, die Anmeldung und die Strecke: www.vatternrundan.se

Teilnehmer der Fahrradrundfahrt um den Vätternsee auf der 150 Kilometer langen Tour
Der Vätternsee ist der zweitgrößte See Schwedens

Fast 4000 Schwäne versammeln sich zuweilen auf dem Tysslingen-See

77

Schwanentanz am Tysslingen-See

Der Tysslingen ist Europas größter Rastplatz für Schwäne. Hierher kommen im Frühling Tausende von Singschwänen auf ihrem Weg nach Norden, um Kraft für die Weiterreise zu den Brutgebieten in Nordeuropa zu sammeln. Mit etwas Glück sind an manchen Tagen bis zu 4000 Vögel zu beobachten und zu hören.

In Schweden tanzen nicht nur die Kraniche (wie am Hornborgasjön, Seite 131), der Tysslingen-See einige Kilometer nordwestlich von Örebro hat ebenfalls spektakuläre Szenen und dazu noch ein Schwanenkonzert zu bieten. Jedes Jahr von März bis April fallen insgesamt 8000 gefiederte Sänger ein, gut zu erkennen an ihrem geraden Hals und den schwarz-gelben Schnäbeln. Vier bis sechs Wochen dauern die ungewöhnlichen Konzerte. Der Singschwan verfügt im Gegensatz zu verwandten Vögeln über ein umfangreiches Klangrepertoire und nutzt es gerne. Es reicht von tiefen kehligen Posaunenlauten bis zu aufgeregten hellen Tönen, die von heftigen Flügelschlägen begleitet sein können. Vogelkundler können sogar individuelle Laute bei manchen Tieren ausmachen. Der See ist, Aufzeichnungen zufolge, schon seit Mitte des 19. Jahrhunderts Rastplatz für Zugvögel. Zunehmende Verlandung und Umwandlung in landwirtschaftliche Nutzflächen reduzierte auch hier die Zahl der rastenden Vögel. Um 1950 wurden insgesamt nur noch 2000 Schwäne gezählt. Nach umfangreichen Renaturierungsmaßnahmen trompeten und tanzen inzwischen wieder viermal so viele. Bei Rånnesta im nördlichen Bereich des Tysslingen-Sees sind die Beobachtungsplätze meist gut besucht, weil hier Hafer und andere Getreidesorten ausliegen, um die Tiere zu versorgen. Sind die Schwäne abgezogen, lohnt dennoch ein Besuch, da inzwischen viele andere Wasservögel wie Graugänse, Kanadagänse, Schnatterenten, Seeadler, Rohrdommeln oder Bachstelzen den See für sich entdeckt haben. Das Besucherzentrum mit Café, Buchhandlung und einer Kunstgalerie ist von Ende Februar bis September geöffnet.

Im wuchtigen Renaissanceschloss von Örebro wurde jahrhundertelang schwedische Reichsgeschichte geschrieben – zu erkunden bei einer Führung (www.visitorebro.se).

Naturens Teater Rånnesta · 705 92 Rånnesta · Tel. 019 28 30 40
12 Kilometer nordwestlich von Örebro am Ekersvägen · www.tysslingen.nu

78 Radeln und Saunen im Paket

Auf halber Strecke zwischen dem Vänern- und dem Vätternsee liegt Töreboda. Rund 200 Kilometer misst die Strecke von hier bis zum östlichen Ende des Göta Kanals. Es erwartet uns eine attraktive Fahrradtour an den Kanalufern entlang – zur Abwechslung kann man zwischendurch auch auf eines der Kanalschiffe umsteigen.

Der Göta-Kanal verbindet zusammen mit verschiedenen Seen und weiteren Kanälen die Ost- und die Westküste Schwedens miteinander. Die romantische Strecke des Kanals wird hauptsächlich von historischen Dampfern mit Urlaubern oder von Freizeitkapitänen mit ihren Motorjachten befahren. Keine schlechte Alternative ist es, im eigenen Tempo auf den alten Treidelpfaden entlang des Kanals zu radeln: Ohne Zeitdruck lässt sich so der Schleusenbetrieb in Borensberg, einer der der ältesten, noch handbetriebenen Schleusen des Göta-Kanals verfolgen, ein Picknick einlegen, ein über 1000 Jahre alter Runenstein studieren, die Festungsanlage von Karlsborg besichtigen oder in einem Café in Motala einkehren. Bei der nächsten Attraktion, der Schleusentreppe von Berg, lohnt ein kleiner Umweg ins zehn Kilometer entfernte Linköping mit Dom und Freilichtmuseum. Einst zogen Ochsen die Lastkähne auf Treidelpfaden den Kanal entlang. Als es dann zunehmend motorgetriebene Schiffe gab, wurden die Ochsen überflüssig, die ebenen und kreuzungsfreien Pfade blieben aber bestehen. Rastplätze in regelmäßigen Abständen bieten sich für Picknicks an. Von Sjötorp am Vänernsee bis nach Karlsborg am Vätternsee sind es etwa 75 Kilometer. Wer den Viken- und später den Vätternsee nicht umrunden will, kann sie mit dem Rad auch auf kleinen Fähren überqueren. Rund 120 Kilometer sind es von Motala am Vätternsee bis nach Mem an der Mündung des Göta-Kanals in die Ostsee. Verschiedenste Tourkombinationen stehen zur Auswahl: Tagestouren, mehrtägige Touren mit vorgebuchten Hotels, mit oder ohne Sauna, oder auch eine Fahrradtour in Verbindung mit einem Kurztrip auf einem historischen Kanaldampfer.

Kenner halten das Eis im Smultronställlet für das beste Schwedens. In Söderköping werden pro Jahr 70 Tonnen der süßkalten Delikatesse verkauft (www.smultron).

Göta Travel Center · Kanalvägen 17 · 590 31 Borensberg · Tel. 0141 408 20
www.gotatravelcenter.se · www.gotakanal.se

Auch am Motormuseum von Motala führt die attraktive Fahrradstrecke entlang
Abendstimmung an der Slätbaken Bucht, am östlichen Ende des Göta-Kanals

79 Midsommar Fest – Traditionell und heidnisch

Die Mittsommernacht ist in allen skandinavischen Ländern und im Baltikum einer der wichtigsten Feiertage des Jahres. Die Sommersonnenwende wird in Schweden an dem Samstag gefeiert, der zwischen den 20. und 26. Juni fällt – mit Tanz und Gesang, herzhaftem Essen und nicht selten einem Gläschen Schnaps.

Mittags startet die Kapelle ihr buntes Musikprogramm, dann wird der Mittsommernachtsbaum, die »Midsommarstång«, zum Festplatz von Julita Gård getragen, mit Blättern und Blumen geschmückt und aufgerichtet. Das Fest mit Tanz rund um den hohen Baum kann beginnen. Die meisten Gäste sind festlich gekleidet, weiß, mit bunten Farben, Frauen und Mädchen mit Blumen im Haar. Anderswo in Skandinavien, in Dänemark, Finnland oder Norwegen, wurde das heidnische Fest schon vor vielen hundert Jahren von der Kirche mit dem Johannistag, dem Fest zu Ehren von Johannes dem Täufer verknüpft und als Sankt-Hans-Tag gefeiert. Nicht so in Schweden. Hier steht das Vergnügen, oft in der Familie und meist auf dem Land, im Mittelpunkt. Am längsten Tag des Jahres soll nun endlich der Sommer beginnen. Traditionell werden die ersten Frühkartoffeln zum Hering aufgetragen, als Dessert genießt man schwedische Erdbeeren mit Sahne. Doch auch verschiedene vorchristliche Bräuche sind nach wie vor sehr lebendig: Zu Midsommar öffnet nach alter Überlieferung die Zukunft kleine Fenster. Mädchen, die sieben verschiedene Wildblumen von sieben verschiedenen Wiesen unter ihr Kopfkissen legten, würden von ihrem Zukünftigen träumen. Tau, frühmorgens nach Midsommar gesammelt, hätte heilende Wirkung und wird von einigen noch immer beim Kuchenbacken oder Kochen dazu gemischt. Zu Midsommar gepflückte und getrocknete Heilpflanzen würden, der Überlieferung nach, im Winter ihre volle Kraft beim Abwenden von Krankheiten entfalten. Auf Julita Gård, einem der schönsten Freilichtmuseen des Landes mit Herrenhaus, Wirtschaftsgebäuden, Tieren und herrlichen Nutz- und Zierpflanzen, beginnt mit der Mittsommernacht die Hauptsaison. Alles ist gepflanzt und gepflegt, der Ansturm kann kommen.

Julita Gård · 214 · 643 60 Katrineholm
Tel. 08 51 95 47 30 · www.nordiskamuseet.se

Jung und Alt feiern in ganz Schweden Mittsommer mit Musik und Tanz, Essen und Trinken

Leuchtturm auf der Mole, zwei Liebende im Mondschein. Inga Lindström pur

Auf den Spuren von Inga Lindström

80

Tullgarn Slot an einer tief eingeschnittenen Ostseebucht gleich nördlich von Trosa gehört zu den beliebten Schauplätzen und Drehorten der Inga-Lindström-Filme. Fans der im ZDF gezeigten Serie werden sich in der Region Sörmland wie auf einer Reise durch die Filmkulissen vorkommen.

Herzkino ganz real. Bis Ende 2017 haben 72 Inga-Lindström-Filme die Zuschauer(innen) im Zweiten Deutschen Fernsehen mitten ins Herz getroffen. Es dreht sich eigentlich immer um die Liebe in allen ihren romantischen und dramatischen Schattierungen, sei es bei »Süße Leidenschaft« oder bei »Tanz mit mir«. Vielleicht geht es beim »Liebesreigen in Samlund« oder bei »Feuer unter dem Dach« um die richtigen Zutaten im »Kochbuch der Liebe«, sodass es auch bei »Zwei Ärzte und die Liebe« heißen kann: »Liebe lebt weiter«. Schauplätze der offenbar unendlich sich fortspinnenden Geschichte sind überwiegend die Städte, Schlösser, Seen und Schären von Sörmland südlich von Stockholm. Der Name Inga Lindström hört sich schon ungemein schwedisch an, doch die meisten Schweden schütteln auf die Frage, ob sie die Verfasserin der Geschichten kennen, nur den Kopf. Kein Wunder, verbirgt sich hinter dem Pseudonym doch die deutsche Autorin Christine Sadlo, deren offenbar unerschöpfliche Fantasie dem Thema Liebe auch in weiteren TV-Serien, die in Sachsen, am Gardasee oder in Tirol spielen, immer neue Nuancen abgewinnen kann. Viele Fans möchten gerne selbst »Auf den Spuren der Liebe« zu den Schauplätzen der Filme wandeln. Darüber freuen sich natürlich die Tourismusmanager der in der Tat malerischen Region mit ihren 400 Seen und vielen Dutzend Herrensitzen, mit den knapp 3000 Inseln des Schärengartens, Eilanden vor der Küste und vielen pittoresken Ortschaften. Die idyllischen Kleinstädte wie Nyköping, Trosa, Mariefred und Strängäs sind, auch ohne die TV-Filme zu kennen, einen Besuch wert. Und eine vergleichbare Dichte von Adelssitzen und Schlössern aus dem 17. und 18. Jahrhundert wie in Sörmland oder Södermanland dürfte es sonst in Schweden kaum geben.

Inga Lindström Land · www.ingalindstrom.com
Nyköping: www.visitnykoping.se · Trosa: www.trosa.com

81 Anglerglück mit Angel-Guide

Angeln in frischen Gewässern, in einem der vielen Tausend fischreichen Seen, Flüssen oder Bächen. Schweden verspricht Anfängern oder passionierten Anglern einen faszinierenden Angelurlaub. Auch wer in seinem Schwedentrip in ein Häuschen am See die Rute vom Anleger nur ab und an auswirft, dürfte das Abendessen bald am Haken haben.

Hier gibt es Fische, und zwar reichlich. Sven hat gerade eine etwa fünf Kilogramm schwere Meeresforelle aus dem Wasser gezogen. Ein prächtiger Fang! Andere Boote aus den Anglercamps auf Muskö und Utö ziehen durch die buckligen Felsenlandschaften der Schären vor Stockholm. Fast zehn Prozent der Fläche Schwedens besteht aus Wasser. Zu den Schärenlandschaften kommen noch die zahlreichen Seen, Teiche und Flüsse. Barsche, Zander, Hechte sind keine Seltenheit – klar, dass Angler sich hier wie im Schlaraffenland fühlen. Ein Angelurlaub in Schwedens wilder Natur kommt einem

Angel- und Badehütten am Seeufer: Fischreichtum direkt vor der Tür

nachhaltigen Tourismus ziemlich nahe und schafft innere Ruhe und Entspannung, die im Berufsalltag Vieler schon unwiderruflich verschüttet schien. In Schweden gilt für das Angeln nicht automatisch das Jedermannsrecht (Allemansrätten), nach dem sich alle in der freien Natur aufhalten dürfen, sogar in Gebieten, die sich im Privatbesitz von Anderen befinden. Das heißt, Angler benötigen für viele Gewässer eine Angelkarte (Fiskekort), da diese Gewässer von Eigentümern mit Fischrechten, von Gemeinden und von Vereinigungen gepflegt werden. Ausnahmen bilden die fünf größten Seen – Vänern, Vättern, Hjälmaren, Mälaren und Storsjön. Auch das Meeresfischen entlang der Küste ist frei, jedoch mit Einschränkungen über Art und Menge der gefangenen Fische belegt. Auf dem Land verkauft meist der örtliche Lebensmittelladen oder eine Tankstelle die Fiskekort, die sich auch online (www.fiskekort.se) erstehen lässt.

Wer Stress durch die Konkurrenz vieler anderer Angler vermeiden will, vertraut sich Angel-Guides in den Fischcamps an, die fast alle hohen Standard, persönlichen Service und praktische Boote bieten.

Die oft mehrsprachigen Guides steuern mit ihren Gästen die besten Plätze, z.T. auch an privaten Seen an oder fahren in den Schären hinaus.

Infos unter www.bigfishsweden.com, www.skargardsguiderna.se

82 Schlossromantik und ein deutsches Exil

König Gustav I. Wasa ließ das festungsartige Schloss von 1537 an errichten, anstelle eines Vorgängerbaus des schwedischen Reichsrats Grips. Für deutsche Leser ist der Name des Schlosses untrennbar mit dem Titel der heiter-melancholischen Liebesgeschichte von Kurt Tucholsky verbunden.

»Man denkt oft, die Liebe sei stärker als die Zeit. Aber immer ist die Zeit stärker als die Liebe«, schreibt Kurt Tucholsky in »Schloß Gripsholm«, einer 1931 veröffentlichten Geschichte, in welcher der Erzähler und seine Freundin Lydia, die »Prinzessin«, einige Sommerwochen am Mälarsee verbringen. Der linke Autor, Journalist und Zeitkritiker Tucholsky kehrte nach seiner Emigration aus Deutschland auf dem Umweg über Frankreich nach Schweden und an den Mälarsee zurück, zunehmend resigniert über die politische Entwicklung in seinem Heimatland. Eine Überdosis von Medikamenten gegen seine Magenerkrankung überlebte er schließlich nicht. Seine Asche wurde 1936 in Mariefred unweit von Schloss Gripsholm beigesetzt, unter einer Grabplatte mit einem Zitat aus Goethes Faust II »Alles Vergängliche Ist Nur Ein Gleichnis«. Er selbst hatte den Spruch »Hier ruht ein goldenes Herz und eine eiserne Schnauze – Gute Nacht –!« vorgeschlagen. Der wuchtige rote Backsteinbau von Schloss Gripsholm im idyllischen Mariefred gilt als Paradebeispiel der schwedischen Romantik. Im Laufe seiner Geschichte mehrfach umgebaut und erweitert, wurde es bis in jüngste Zeit von der Königsfamilie genutzt. Die staatliche Porträtsammlung, die im Schloss untergebracht ist, wird seit dem 15. Jahrhundert kontinuierlich erweitert. Zuletzt kamen die Porträts von Ingvar Kamprad (IKEA) und Benny Andersson (ABBA) hinzu. Mit seinen dicken Mauern und Türmen und der dekorativen Lage auf einer kleinem Insel im Mälarsee, der bis nach Stockholm reicht, gehört es zu den meistbesuchten Schlössern des Schwedischen Königreiches.

Das Dampfboot S/S Mariefred schnauft zwischen Juli und Mitte September in dreieinhalb Stunden von Stockholm nach Mariefred – eine gemütliche Alternative zur Fahrt mit dem Auto (www.mariefred.info).

Gripsholm Slott · Gripsholmsföreningen · 647 31 Mariefred · Tel. 08 402 85 63
www.kungahuset.se, www.gripsholmsforeningen.se

Das romantische Schloss Gripsholm bei Mariefred liegt dekorativ am Mälarsee
Grabstein für Kurt Tucholsky, den Schöpfer der Erzählung »Schloß Gripsholm«

Replik eines Wikingerschiffs im Outdoor-Museum Birka
Im Birka-Museum erfährt man viel Wissenswertes über die Wikinger und ihr Leben

Wikingerstadt und Handelszentrum

83

Einladende Badebuchten gibt es auf der Insel Björkö im Mälarsee, vor allem aber die teilrekonstruierten Überreste einer Wikingersiedlung mit weitreichenden Handelsverbindungen und historischen Grabstellen. Rund 200 Jahre behielten die Wikinger den Stützpunkt, dann gaben sie ihn zugunsten von Sigtuna auf.

Perlen aus Osteuropa, Glaskelche, arabischer Silberschmuck, Wein aus dem Reich der Franken – das alles wurde gegen Felle, Eisen, Bernstein oder Geweihe aus Schweden getauscht. Birka, die Stadt auf der mit Birken bewachsenen Insel Björkö im Mälarsee, war von 800 n. Chr. an einer der wichtigsten Handelsstützpunkte der Wikinger. Ihre Verbindungen reichten von Dorstad in Friesland nach Haithabu in der Nähe des heutigen Schleswig und bis nach Russland, Byzanz und England. Den rund 1000 Einwohnern ging es gut, der Handel brachte lukrative Einkünfte. Schmiede, Kammmacher, Weber und andere Handwerker fertigten Güter für den täglichen Gebrauch. Die Nachbarinsel Adelsö war der Sitz eines Königshofes, des Hovgården. Birka genoss ein königliches Privileg, eine Art Vorkaufsrecht auf Handelswaren für drei Tage. Ansgar, Missionar und Bischof von Hamburg und Bremen, von Papst Gregor IV. zum Legaten für Skandinavien ernannt, versuchte mit wechselndem Erfolg, die schwedischen Wikinger zum Christentum zu bekehren und hielt sich Mitte des 9. Jahrhunderts zumindest zeitweise in Birka auf. Nach 200 Jahren liefen Birka andere Orte, wie das knapp 50 Kilometer weiter nördlich gelegene Sigtuna den Rang als Handelszentrum ab. Erhalten geblieben sind ungefähr 2300 Grabstätten, die erst Ende des 19. Jahrhunderts ausgewertet wurden. Palisaden, der Burgwall sowie Gold- und Silberschätze wurden von 1990 an bei wissenschaftlichen Ausgrabungen zutage gefördert. Die Ergebnisse der Grabungen zeigt ein Museum in der Nähe des Gästehafens von Björkö. In den Sommermonaten demonstrieren Mitarbeiter des Museums Wikingerleben in rekonstruierten Häusern. Die wertvollsten Exponate und ein Modell der Siedlung sind im Historischen Museum von Stockholm zu besichtigen.

Birka Museet · Tel. 08 56 05 15 40 · www.birkavikingastaden.se
Anreise mit Booten von Strömma (inkl. Eintritt) von Stockholm, Mariefred, Hovgården oder Härjarö
http://boka.birkavikingastaden.se/en/todo

84

Kunst in der Tunnelbana

Die größte Kunstgalerie Schwedens liegt tief unter der Erde. Storstockholms Lokaltrafik (SL) ist Eigentümer der Tunnelbana genannten Untergrundbahn Stockholms – übrigens die einzige in ganz Schweden –, deren Bahnhöfe bis auf wenige Ausnahmen mit besonderen Kunstwerken gestaltet sind.

Von hundert Stationen des unterirdischen Streckennetzes sind 90 mit Wandmalereien und Kunstinstallationen dekoriert, besonders eindrucksvoll sind die Höhlenstationen entlang der blauen Linie. Hier ähneln die Bahnhöfe grauen Felshöhlen. Ihre Konturen kontrastieren eindrucksvoll mit kräftigen Farben und Mustern, wie bei den Bahnsteigen des Hauptbahnhofs T-Central Station, wo täglich bis zu 170 000 Reisende die kobaltblau-weißen Motive von Blättern oder die Silhouetten von Bauarbeitern auf Gerüsten passieren. Die Station Hauptbahnhof, wo sich alle drei Linien auf unterschiedlichen, mit Rolltreppen verbundenen Ebenen treffen, wurde 1957 als erste U-Bahn Station künstlerisch gestaltet. Jede Station bietet ein neues Kunsterlebnis. Die grün ausgemalte Station Kungsträdgården unter dem heutigen Königspark birgt rechts und links einer unterirdischen Passage zur Arsenalsgatan römisch anmutende Säulen, Steinskulpturen und Dekorationen wie in einer archäologischen Ausgrabung. Dazu gesellen sich eine alte Gaslaterne und ein umgestürztes Ölfass. Alles stammt vom 1825 ausgebrannten, barocken Makalös-Palast aus Schwedens Hauptstadt, der sich einst über dieser Station erhob. Die roten, grünen und weißen Streifen und Muster des Terrazzobodens symbolisieren seine roten Schotterwege, das Grün die Gartenanlage und das strahlende Weiß seine Marmorstatuen. Am Thorildsplan scheint eine freundliche Stockholmer Sonne auf dem oberirdischen Bahnsteig – in Form von pixeligen Kachelbildern, die an die frühen Bildschirmansichten aus der Kinderzeit der Computer erinnern.

Für den Preis eines U-Bahntickets kann man an einer der regelmäßig stattfindenden Führungen zu vier bis fünf wechselnden Stationen teilnehmen.

Stockholms Lokaltrafik · sl.se/en +www.tunnelbanakarta.se
Start der einstündigen Führungen in Englisch von Juni–August Di/Do/Sa um 15 Uhr beim SL-Center an der Station T-Centralen (Sergels Torg)

Faszinierende Kunst kann es in Stockholm auch umsonst geben …
… wie beispielsweise in den Untergrundbahnen

An den Hafenkais der Hauptstadt haben im Winter die Ausflugsschiffe festgemacht

An der Bar des ABBA-Hotels gibt es quietschbunte Cocktails

85 Nybrokajen im Winterschlaf

Am Nybrokajen im Zentrum von Stockholm liegen »Gustaf III.«, »Silverpilen« und Dutzende anderer Ausflugsdampfer vertäut. Die Decksaufbauten sind mit frischem Schnee überpudert, und die Leinen, an denen im Frühling wieder lustige Wimpel flattern, sind mit Eiszapfen dekoriert. Allein der Anblick der aufgereihten und vertäuten Schiffe, von denen nicht wenige seit hundert Jahren ihren Dienst tun, ist um einiges romantischer als zu anderen Jahreszeiten. Vom Anleger Strömkajen in der Hafenbucht legt noch, je nach Eisgang, die »MS Angantyr« zu einer Wintertour durch den Hafen ab, Decken aus Rentierfell für Wagemutige auf dem Sonnendeck inklusive. Heißen Glögg gibt's an der Bordbar.

Nybrokajen, Stockholm Zentrum, Strömma Kanalbolaget · www.stromma.se/stockholm
Stockholms Lokaltrafik: www.sl.se/en

86 ABBA und die Siebzigerjahre lassen grüßen

Das hügelige Södermalm hat sich zum Szeneviertel gemausert. Mit seinen Straßencafés, Restaurants und Galerien ist es heute eine Art Notting Hill der schwedischen Kapitale. Beim Mariatorget steht das Rival, Symbol der Wiedergeburt des Quartiers. Das Hotel aus den 1930er-Jahren hat traurige Zeiten erlebt. Doch Benny Andersson, früher kreativer Kopf der Mega-Popgruppe ABBA, hat die notleidende Immobilie gekauft, renoviert und wieder von Moll auf Dur gestimmt. Es würde einen nicht wundern, wenn die Musiker von ABBA an der orangeroten Bar im Siebzigerjahre-Design einen quietschbunten Cocktail schlürfen würden. Das hoteleigene Kino zeigt Filmklassiker und bietet eine Bühne für Shows.

Hotel Rival · Mariatorget 3 · 118 91 Stockholm
Tel. 08 54 57 89 00 · www.rival.se

Das Esperanto serviert in der früheren Garderobe eines Theaters

87

Frantzen und die neue Restaurantszene

Die nordische Küche liegt im Trend und gleichzeitig hat sich die gastronomische Szene der Stadt gewandelt. Stockholm liegt mit der skandinavischen Gourmetmetropole Kopenhagen Kopf an Kopf. Viele junge Köche sind aus dem Schatten der Altmeister herausgetreten und haben eigene Restaurants eröffnet.

Ein schlichter Schriftzug an der Glastür zur Straße weist den Weg ins Innere. Björn Frantzen bewirtet seine Gäste im gleichnamigen Restaurant auf drei Etagen, doch mehr als 23 Gäste finden in seinen Räumen nicht Platz. Die können dabei zusehen, wie in der offenen Küche kulinarische Meisterwerke entstehen: zum Beispiel die gegrillte Brust von der Gelbente mit getrüffelter Endivie, geräucherten Walnüssen und in Sake eingelegten Früchten. Der noch immer jugendlich wirkende Sayan Isaksson hatte während der »Olympiade der Köche« 2004 den Spitzenplatz für Schweden belegt. Heute kocht er im Esperanto, einem früheren Garderobenfoyer eines Stadtteiltheaters auf Spitzenniveau: Seine ungewöhnlichen und wohlschmeckenden Kreationen heißen beispielsweise Blankaal in Sauce Mousseline, mit Foie Gras, Haselnusscroutons und Saft von roten Grapefruits. Jacob Holmström und Anton Bjuhr gehören nach ihren Wanderjahren durch einige der besten Restaurants Skandinaviens heute zu den Spitzenadressen der Hauptstadt. Die moderne skandinavische Küche in ihrem Restaurant »gastrologik« orientiert sich streng an den Jahreszeiten, das Speisenangebot ändert sich kontinuierlich und manchmal recht schnell. Der »Opernkeller«, der schon seit 1787 Speisen und Getränke serviert, hat sein angestaubtes Image abgestreift. Unter der Regie des schwedischen Küchenchefs Stefano Catenacci hat er zu altem Renommee zurückgefunden und serviert vom Skreifilet mit Limonenbutter bis zum Rentierfilet mit Topinambur exzellent zubereitete Speisen.

»Nystekt Strömming« serviert aus seinem Foodtruck am Kornhamnstorg bei der Station Slussen frisch gebratenen Ostseehering mit klassischen Beilagen.

Frantzen · **Klara** · Norra kyrkogata 26 · 111 22 Stockholm · Tel. 08 20 85 80 www.restaurantfrantzen.com · **Esperanto** · Kungstensgatan 2 · 114 25 Stockholm Tel. 08 696 23 23 · www.esperantorestaurant.se · **gastrologik** · Artillerigatan 14 114 51 Stockholm · Tel. 08 662 30 60 · www.gastrologik.se · **Operakällaren** Karl XII:s torg · 103 22 Stockholm · Tel. 08 676 58 00 · www.operakallaren.se

88 Lucia, Königin der Lichter

Stockholm ist auch in der Adventszeit einen Besuch wert. Wenn sich der Himmel schon am frühen Nachmittag mit einem violetten Schimmer, wie von einem fernen Nordlicht, überzieht, gehen in der Stadt Zehntausende Lichter an. Ab dem 13. Dezember übernimmt die Lichterkönigin Lucia die Regentschaft.

Leise fallen dicke Schneeflocken vom Himmel. Die Sonne scheint schräg zwischen zwei Wolken hervor und beleuchtet Häuser, Türme und Schlösser der schwedischen Hauptstadt. Zu den größten Vergnügen im Dezember gehört es, die zahlreichen Stockholmer Weihnachtsmärkte und Basare zu besuchen. Schon seit mehr als 90 Jahren zieht es Erwachsene und Kinder zu den Holzbuden des »Stortorgets Julemarknad« mitten in der Altstadt Gamla Stan. Zwischen den Fassaden des Nobelpreismuseums bei der Alten Börse und den schmalen Patrizierhäusern mit ihren dekorativen Staffelgiebeln gibt es geschnitztes Holzspielzeug, Duftkerzen, ein Glücksrad, Weihnachtsdekoration und natürlich einen Stand mit heißem Glögg, den aromatischen, nach Zimt und Ingwer duftenden, traditionellen Rotweinpunsch. In einigen alteingesessenen Gastwirtschaften wird zu Weihnachten ganz traditionell Milchreis serviert. Wer eine der vereinzelt versteckten Mandeln auf seinem Löffel findet, sollte sich auf etwas gefasst machen, denn nach einer schwedischen Legende dürfte im kommenden Jahr eine Heirat anstehen. Meist liegt Stockholm in dieser Zeit unter einer dichten Schneedecke, und viele kleinere Fähren haben ihren Dienst eingestellt und liegen vertäut am Kai. Ab Mitte Dezember übernimmt Lucia das Zepter in der Stadt. Die nach der frühchristlichen heiligen Lucia aus Sizilien benannte, mit einer Lichterkrone geschmückte Frauengestalt hat als Lichtbringerin im dunklen schwedischen Winter eine lange Tradition. Im ganzen Land werden Lucias gewählt. Besonders stimmungsvoll ist das Lucia-Fest mit Konzert und Chor in der Storkyrkan der Gamla Stan zwischen Nobelmuseum und dem Königlichen Schloss.

Sobald der »Luciadag« angebrochen ist, duftet es in allen Bäckereien der Stadt nach frisch gebackenem »Lussekater«, einem weichen Safran-Weizengebäck.

Storkyrkan · Luciakonzerte Mitte Dezember · www.svenskakyrkan.se
Weihnachtsmarkt · Gamla Stan ab Ende November · www.stortorgetsjulmarknad.com

Die Lucias schmückt eine feierliche Lichtkrone

Entspannung pur und Stockholms Panorama von oben genießen

Ohne Hektik über der Hauptstadt schweben

89

In einem Heißluftballon sanft und entspannt über Stockholm schweben. In der Tiefe die Hauptstadt, die sich auf den mit Brücken verbundenen Inseln ausbreitet. Im Osten lässt sich in der Ferne die Ostsee ausmachen, ansonsten überwiegt das Grün der Wälder, die Stockholm, von Seen unterbrochen, einrahmen.

Die letzten Passagiere sind mit einem Minibus von Ballonflyg eingetroffen. Nun kann die riesige Ballonhülle über die Wiese des Startplatzes wenige Kilometer außerhalb der Stadt verteilt werden. Da packen alle mit an. Ein Propeller bläst kalte Luft hinein. Langsam richtet sich das riesige Ungetüm, das 10 000 Kubikmeter Luft fasst, auf. Der Brenner wird dazu geschaltet, und die heiße Luft lässt den Ballon sich langsam erheben. Der Korb, in dem rund ein Dutzend Passagiere bequem Platz finden, ist schon längst stabil am Ballon befestigt. Der Flugkapitän gibt das Zeichen, Helfer packen den Korb, die Passagiere steigen ein, die Verankerung wird gelöst. Ein wahrhaft erhebendes Gefühl, als der Ballon plötzlich in den Himmel über Stockholm steigt. Eine faszinierende Stille, man hört nur das Rauschen des Windes und gelegentlich den Brenner, der heiße Luft produziert, damit die Höhe gehalten wird. Der Kapitän sondiert die Windrichtungen auf verschiedenen Höhen, die einzige Möglichkeit, sein Luftgefährt zu steuern. Es ist Zeit genug alles in Ruhe anzusehen. Ein Panoramablick ohnegleichen über die Stadtlandschaft mit Häusern, Kirchen, dem Königsschloss. Winzig sehen sie aus, die Straßenzüge mit Autos und die Ruderboote auf den Seen, klein, wie Spielzeug. Doch der Blick geht weiter als vom höchsten Turm der Stadt. Die riesigen Fähren sind zu sehen, wie sie zwischen den Inseln des Stockholmer Schärengartens ihren Weg in die Ostsee suchen, auf dem Weg nach Finnland, St. Petersburg oder ins Baltikum. Ballonfahren ist wie ein dreidimensionaler Traum. Für die Landung ist das Können des Piloten gefragt. Ein kurzes Auftippen des Korbes, dann noch einige Meter, und wir stehen. Jetzt noch ein Gläschen Champagner und das Ballonfahrt-Diplom nach erfolgreich bestandenem Abenteuer.

Ballongflyg i Stockholm AB · Koltrastvägen 21 · 192 55 Sollentuna
Tel. 08 92 02 02 · www.ballong.se
Treffpunkt: Plantagen Kvarnbacksvägen 32 · 168 74 Bromma

Das Stadshused zur Wasserseite, mit Statue und Brunnen
Skulpturenkunst gibt es drinnen und rund um das Rathaus

Prinzengalerie im Rathaus

90

Das Rathaus der Stadt, erbaut aus acht Millionen Backsteinen, ist mit seinem markanten Eckturm eines der Wahrzeichen Stockholms. Im Inneren überraschen die prächtigen Repräsentationsräume. Besonders eindrucksvoll ist die Prinzengalerie, die Stockholms Lage am Wasser illustriert.

Die »Stora galleriet« entlang der südlichen Flanke des Rathauses wird regelmäßig für Empfänge der Stadt genutzt. Hinter einer 45 Meter langen Reihe von 15 Doppelsäulen zeigen wunderbare Fresken in zarten Farben Szenen des Mälarsees und seiner Ufer nahe Stockholm. Durch die Fensterfront gegenüber geht der Blick nach Södermalm und auf die Wasserfläche von Riddarfjärden. Von 1917 an arbeitete der schwedische Prinz Eugen sechs Jahre lang an diesem Monumentalgemälde. Gemeint ist Prinz Eugen Napoleon Nikolaus (1865–1947), der jüngste Sohn des schwedischen Königs Oskar II. und dessen Frau Sophia von Nassau. Schon früh wurde klar, dass Eugen nicht für das Kriegshandwerk geboren, sondern den schönen Künsten, vor allem der Malerei zugeneigt war. Natürlich hatte er repräsentative Pflichten, doch wichtiger waren ihm seine Ausbildung zum Kunstmaler und seine Verbindungen in die Kunstwelt. Nach dem Geschichtsstudium in Uppsala nahm er Unterricht bei bekannten Lehrern in Schweden, aber auch in Paris. Die Landschaftsmalerei, vor allem am Mälarsee, in der Nähe der Landsitze auf Tyesö nahe der Ostseeküste, in Västergötland und Skåne hatte es ihm angetan. Besondere Beziehungen pflegte er nach Norwegen, damals noch für einige Jahre Teil des Schwedischen Königreiches. In seinen letzten Lebensjahren engagierte er sich für jüdische und politische Flüchtlinge aus dem von ihm verabscheuten Nazi-Deutschland. Sein Palais Waldemarsudde auf Djurgården in Stockholm ist heute ein Museum und zeigt viele Beispiele seiner Kunst. Andere Landschaftsporträts des Prinzen hängen im Nationalmuseum, als Altarbilder in Kirchen oder schmücken die Aulen von Schulen.

Überirdisch schön zeigt sich der »Goldene Saal« des Rathauses mit Motiven aus der schwedischen Geschichte und Mythologie, verziert mit rund 19 Millionen Blattgoldteilchen.

Stockholms stadshus · Hantverkargatan 1 · 111 52 Stockholm · Tel. 08 50 82 90 58
www.stockholm.se · Besichtigung nur im Rahmen von Führungen

91 Saltsjöbaden – Grandhotel mit Badeanstalt

Freibäder mit Badestegen ins Meer und ausgestattet mit Umkleidekabinen waren um die Jahrhundertwende sehr beliebt, nicht nur in Schweden. Das Ende des 19. Jahrhunderts eröffnete Saltsjöbadens Friluftsbad, wörtlich übersetzt »Salzmeer-Freiluftbad«, avancierte schnell zu einem der Lieblingsbäder der Stockholmer.

Knut Agathon Wallenberg, ein Mitglied der einflussreichen Wirtschaftsdynastie der Wallenbergs, hatte nach einem Besuch in Monte-Carlo die Idee von einer schwedischen Riviera in der Nähe der Hauptstadt. Nur 20 Kilometer südöstlich des Zentrums wurde Ackerland auf einer Insel und an der Bucht des Baggensfjärden gekauft. Wallenberg ließ eine Bahnstrecke von Stockholm anlegen. Die Saltsjöbanan fährt noch heute in gut 20 Minuten von dort zur Endstation Slussen in der Hauptstadt. Für den 1893 eröffneten Hotelpalast hatte König Oskar II. den Grundstein gelegt. Die Wallenbergs konnten nun günstig erworbene Grundstücke an die Oberschicht Stockholms verkaufen, die im angesagten neuen Seebad zügig repräsentative Villen errichten ließen. Auch die historische Badeanstalt auf der Halbinsel Restaurantholmen existiert noch. Ein restaurierter Holzbau mit, wie damals üblich, getrennten Bereichen für Männer und Frauen, in dem Holzstufen in die Ostsee hinabführen. Im Jahre 1938, am Vorabend des Zweiten Weltkrieges, kam es im Grandhotel zu einem historischen Treffen zwischen Unternehmerverbänden und den sozialdemokratisch orientierten Gewerkschaften, das die politische Landschaft Schwedens auf Jahrzehnte hinaus prägen sollte. Heraus kam das Abkommen von Saltsjöbad, genannt »Saltsjöbadsavtalet«, eine schwedische Form der Sozialpartnerschaft mit beiderseitiger Verantwortung für wirtschaftliches Wachstum und Stabilität. Der Staat sollte parallel mit Investitionen zur Vollbeschäftigung beitragen.

Wer sich traut, sollte sich im Saltsjöbadens Friluftsbad nach Zeiten für das Winterbaden in der eiskalten Ostsee erkundigen. Danach geht's gleich in die Sauna!

Saltsjöbadens Friluftsbad · Torben Gruts väg 8 · 133 39 Saltsjöbaden · Tel. 08 717 05 52
www.saltisbadet.se · geöffnet Mai–Dezember · Eintritt frei
Grand Hotel Saltsjöbaden · Hotellvägen 2 · 133 83 Saltsjöbaden · Tel. 08 50 61 70 00
grandsaltsjobaden.se

Hauptportal des mondänen Grandhotels

Felsbuckel mit Häuschen und Leuchtfeuer sind typisch für die Schären
Einen kleinen Bauernhof gibt es noch auf Grinda

92

Grinda – kleines Paradies im Schärengarten

Der Schärengarten, ein Labyrinth von 30 000 Inseln, Eilanden und namenlosen Felsbuckeln, schirmt Stockholm von der Ostsee ab. Für Kreuzfahrtschiffe, Frachter und die riesigen Fähren nach Finnland oder ins Baltikum ist die Durchquerung des Inselgewirrs nur mit Lotsen an Bord zu bewältigen.

Knapp anderthalb Stunden ist man mit den weißen »Cinderella«-Fährbooten unterwegs, bis man von Nybroviken im Zentrum von Stockholm über Vaxholm, der »Metropole« des Schärengartens mit der wuchtigen Festung, den Süden der Schäreninsel Grinda erreicht. Die Fähre setzt ihre Fahrt noch bis Sandhamn am östlichen Rand des Archipels fort. Vom Anleger Grinda Södra bryggan führt ein Spaziergang von einer guten Viertelstunde durch Pinienwäldchen und Wiesen am Grinda Gård vorbei, dem einzigen Bauernhof der Insel, bis zum Gasthof Grinda Wärdshus. Von deren Sommerterrasse aus bietet sich ein hübscher Blick in die Bucht mit den vielen Freizeitbooten in der Marina. Hier wird eine moderne Frischeküche gepflegt. Das gelbe steinerne Jugendstilhaus hat allerdings eine recht wechselhafte Geschichte hinter sich. Vor gut hundert Jahren als Privatvilla von Henrik Santesson, dem Direktor der Nobelstiftung, errichtet, diente es schon als Pensionat, Sommerferienlager und Sanatorium. Viele Menschen wohnen hier auf Grinda nicht, im Sommer sind es vorwiegend Urlaubsgäste, die Natur und Ruhe der Schärenidylle genießen. Vom 35 Meter hohen Felsen auf der Landzunge Klubbudden im Südosten der Inseln entfaltet sich ein herrlicher Panoramablick auf die von Inselchen gesprenkelte Schärenlandschaft. Inzwischen ist das idyllische, lange nur von wenigen Schärenbauern bewohnte Eiland im Stiftungsbesitz der Skärgårdsstiftelsen, die sich dem Natur- und Landschaftsschutz verschrieben hat. Die friedliche Schönheit der Natur mit kilometerlangen Spazierwegen und dem sommerlichen Badebetrieb an kinderfreundlichen Stränden haben Grinda zu einem beliebten Ausflugsziel der Stockholmer gemacht.

Vorzügliche Torten, vor allem aber ein großartiger, sonnenbeschirmter Archipelblick von den Gartenplätzen im Hembygsgårds Café an der Trädgårdsgatan in Vaxholm.

Grinda Wärdshus · Södra bryggan Grinda · 185 99 Vaxholm · Tel. 08 54 24 94 91 · grinda.se
Stockholms Schärengarten: www.stockholmarchipelago.se

93 Höchste Mordrate weltweit im Schärengarten

Krimi-Fans können es kaum erwarten, bis der nächste Kriminalroman von Viveca Sten um Thomas Andreasson von der Polizeidienstelle Nacka und seine frühere Schulkameradin Nora Linde, eine lebensfrohe Juristin und Mutter, erscheint. Dabei macht die Schäreninsel Sandhamn doch einen so harmlosen Eindruck…

Sandhamn gibt sich ganz unschuldig, als das Fährschiff »Askungen« mit langsamer Fahrt durch eine Meerenge in den Hafen schippert. Die Sonne scheint vom wolkenlosen Himmel auf gut gelaunte Schweden, die vom Schiff auf die beliebte Insel am äußersten Rand des Schärengartens vor Stockholm strömen. In dem Küstengewässer mit fast 30 000 Inseln, Eilanden und Felskuppen wären auch ortskundige Segler ohne genaue Seekarten verloren. So ist Sandhamn mit seinem Naturhafen schon vor mehr als 200 Jahren erst als königliche Zollstation, dann als Standort von Lotsenschiffen groß geworden. Autoverkehr gibt es auf dem überschaubaren Eiland nicht, auch keine Straßen, nur Wege und schmale Steige. Im Sommer schwillt die Einwohnerzahl auf rund 3000 an, dazu kommen Tausende Tagesausflügler mit Fähren oder Freizeitbooten auf die Insel, die eine entspannt-maritime Atmosphäre an den Stränden und die Inselrestaurants genießen wollen. Eigentlich sollten sie etwas vorsichtiger sein, denn Sandhamn hat sogar die Mordrate von Henning Mankells Ystad deutlich überflügelt, zumindest wenn man den Romanen von Viveca Sten Glauben schenken will. Ihr Erfolg ist auch für schwedische Krimiverhältnisse atemberaubend. Die ehemalige Chefjuristin der schwedisch-dänischen Post hat gleich von ihrem ersten Buch allein in Schweden sensationelle 250 000 Exemplare verkaufen können. Ihre Auflagen in vielen Sprachen gehen inzwischen in die Millionen. Thomas Andreasson, ein positiv gestimmter Ermittler, löst die spannend geschriebenen Fälle zusammen mit seiner Jugendfreundin, der Juristin Nora Linde. Mit diesem Mix aus Liebe, Zerfall und beschaulicher Schärenidylle ist Viveca Sten offenbar ein literarischer Cocktail gelungen, der überall ankommt.

Tourist Information, sommerlicher Infoschuppen am Seglerhafen
Mitte Juni–Mitte August tgl. 10–17 Uhr
www.destinationsandhamn.se

Viveca Sten auf einer Signierstunde in Kungsträdgården

Wenn die Ostsee zugefroren ist, können Geübte über das Eis gleiten
Botanischer Garten von Uppsala mit Orangerie

94

Auf Kufen in den Schären

Zugegeben, auch an Schweden geht die globale Klimaerwärmung nicht spurlos vorüber. Dennoch, ein Winter, in dem die Seen und viele Wasserflächen im Schärengarten von Stockholm nicht zufrieren, kommt nur außerordentlich selten vor. Es geht hier nicht um künstliche Eisflächen mit Discokugel und dröhnenden Lautsprechern, sondern um Touren auf Natureis. Auf Kufen gleitet man über endlos scheinende Flächen, am besten mit ortskundigen Guides, die wissen, wo das Eis sicher und gut zu befahren ist. Veranstalter wie ICEguide bieten zwischen Dezember und März Kurztrips oder mehrtägige Touren an und haben auch die richtige Ausrüstung parat.

Stockholm Adventures / ICEguide · Kungsbro Strand 21 · 112 26 Stockholm
Tel. 08 33 60 01 · www.iceguide.se

95

Zu Besuch beim »Prinzen der Blumen«

Den »Kanzleibeamten Gottes« nannten einige den berühmten Naturforscher, Mediziner, Reisenden und Professor der Universität Uppsala, Carl von Linné (1707–1778), der in seinem wissenschaftlichen Leben die gewaltige Zahl von allein 9000 Pflanzen und 2100 Insekten definierte. Auch der Begriff des Homo sapiens geht auf Linné zurück, da er den Menschen der Art »Homo« im Tierreich zuordnete. In Hammarby, zehn Kilometer südöstlich der Universität in Uppsalas Zentrum, hatte Carl von Linné ein Haus erworben. Mehr als 240 Jahre nach seinem Tod sind noch 40 der Pflanzen erhalten, die der Naturforscher persönlich im Garten in die Erde setzte.

Uppsala linneanska trädgårdar · Villavägen 6–8 · 752 36 Uppsala · Tel. 018 471 28 38
Linnaeus' Hammarby · Danmarks-hammarby · 755 98 Uppsala · www.botan.uu.se

96

Eine Kindheit in Uppsala

Er hat über sechzig Spielfilme gedreht, 170 Theaterstücke inszeniert und mehr als hundert Bücher geschrieben. Der weltberühmte Autor, Film- und Theaterregisseur Ingmar Bergman (1918–2007), 1997 bei den Filmfestspielen in Cannes als »Bester Filmregisseur aller Zeiten« geehrt, ist in Uppsala geboren und aufgewachsen.

Im Jahr 2018 wäre er 100 Jahre alt geworden, doch fast hätte er die ersten Wochen seines Lebens nicht überlebt. Der schwächliche Junge, der im Juli 1918 als Sohn des streng konservativen Pfarrers Erik Bergman und seiner Frau Karin im Universitätskrankenhaus von Uppsala geboren wurde, machte auf die Ärzte einen derart kraftlosen Eindruck, dass sie eine sofortige Nottaufe empfahlen. Der Knabe erholte sich trotz der negativen Prognosen zusehends. Bei Anna Åkerblom, seiner Großmutter mütterlicherseits, die in Sichtweite der Domkirche in einer großzügigen Wohnung in der Trädgardsgatan lebte, wuchs er auf, bis er 16 Jahre alt wurde. Der Junge durfte die gutmütige Frau einmal in der Woche zu einer Matinee zum Slotts Biografen, dem Kino um die Ecke, begleiten. Inzwischen renoviert, sieht das Kino heute wieder so aus, wie vor 100 Jahren. Er konnte sich nicht sattsehen an den Stummfilmen aus den 1920er-Jahren, später durfte er sogar ab und an im Vorführraum Platz nehmen. Die Stellung des Menschen und seine Verantwortung in der Welt, die Frage nach dem Sinn seiner Existenz, auch nach Gott selbst, stellte er in seinen späteren Filmen immer wieder. Dabei schreckte er auch vor der expliziten Darstellung von Sexualität nicht zurück. Die Sexszenen in dem Drama »Das Schweigen« (1963) riefen Moralapostel in vielen Ländern auf den Plan. Beim Drehen einiger Filme ist der Sohn der Stadt zu seiner Kindheit in Uppsala zurückgekehrt. Bei »Wilde Erdbeeren« (1961) oder »Fanny und Alexander« (1982) drehte er Szenen in der Trädgardsgatan, die Dombrücke wenige hundert Meter weiter taucht in Filmszenen von »Die besten Absichten« (1992) auf. Ein geführter Stadtrundgang führt auf Bergmans Spuren zu Drehorten und Lebensstationen.

Buchung von Stadtrundgängen zu Ingmar Bergman
nur per Telefon oder Mail info@stadsvandringaruppsala.se
Tel. 0708 78 45 69, www.stadsvandringaruppsala.se

Mit dem Bau des Schlosses in Uppsala wurde 1547 begonnen
Ingmar-Bergman-Haus in der Trädgardsgatan

Rund um Uppsala findet man vorzeitliche Grabhügel
Das Gamla-Uppsala-Museum informiert über Mythen und Sagen der Region

97

Auf den Spuren der Wikinger

Eine Tagestour auf den Spuren der Wikinger führt von einem nördlichen Vorort Stockholms zu einem anderen nördlich von Uppsala. Runensteine, Königsgräber, Gerichtsplätze und geheimnisvolle Kultorte zeigen die reiche Kultur der Nordleute, deren Leben vor mehr als 1000 Jahren noch viele Geheimnisse birgt.

Erster Stopp ist das Runriket, das Reich der Runen. Die Jarlabanks-Brücke gleich nördlich der Kirche von Täby war schon zu Wikingerzeiten eine vielbenutzte Verbindungsstrecke. Nirgendwo sonst in Skandinavien gibt es so viele Runensteine. Bei Arkils Tingstad etwas weiter nördlich tagte in einem Kreis von Steinblöcken regelmäßig ein Rat von Wikingeredlen. Diese Runensteine erzählen von dem Klan der Skålhamra. Granbyhällen am nördlichen Ende des Vallentuna Sees war vor 1500 Jahren eine wichtige Siedlung, die Felsbrocken »Granbyhällen« mit Runen dekoriert. Nächste Station ist das 25 Kilometer nordwestlich gelegene Sigtuna. Nachdem die Wikinger sich aus Birka (siehe Seite 159) zurückgezogen hatten, bauten sie im 10. Jahrhundert Sigtuna aus. Mehr als 250 Jahre lang war das Handelszentrum eine der bedeutendsten Städte in Schweden. Das kleine Museum stellt einige der insgesamt 170 Runensteine aus der Region Sigtuna aus. Auch dem nächsten Etappenstopp, Gamla Uppsala, kam eine bedeutende Rolle als religiöses Zentrum zu. Hier versammelten sich, mittelalterlichen Quellen zufolge, die Wikinger alle neun Jahre, huldigten den Göttern Thor, Odin und Freyr und sollen ihnen auch Menschen geopfert haben. Ausgrabungen im Königshügel und anderen großen Grabhügeln sowie in diversen Schiffs- und Urnengräbern brachten Überreste hier bestatteter Menschen und deren Grabbeigaben (Tiere, Waffen und Spielbretter) zum Vorschein. Das Gamla-Uppsala-Museum schildert die geheimnisvollen Mythen, die diese Fundstelle umgeben.

Essen auf Wikingerart: Tischdecken und Besteck im Odinsborg Restaurant? Fehlanzeige. Dafür Rippchen, ein uriges Bier und Bauernbrot, nach altem Rezept.

Infos zum Runenreich mit Jarlabankes bro und Arkils Tingstad · www.runriket.se
Sigtuna · Stora Gatan 33 · 193 23 Sigtuna · Tel. 08 59 48 06 50 · www.destinationsigtuna.se
Gamla Uppsala Museum · Disavägen · 754 40 Uppsala · Tel. 018 23 93 01 · www.raa.se
Restaurant Odinsborg · Ärnavägen 4 · 754 40 Uppsala · Tel. 018 32 35 25

98 Celsius' Thermometer im Museum Gustavianum

Er leitete das Observatorium in Uppsala, im 18. Jahrhundert eines der modernsten der Welt. Unter anderem entwickelte der Professor für Mathematik und Astronomie eine neue Thermometerskala nach dem Dezimalsystem, anfangs als »schwedisches Thermometer«, heute weltweit als Celsius-Skala bekannt.

Anders Celsius, 1901 als Sohn eines Astronomie-Professors in Uppsala geboren, wurde schon im Alter von 24 Jahren selbst Professor an der renommierten Universität seiner Heimatstadt. Er leitete astronomische Expeditionen in den hohen Norden, besuchte bei längeren Studienreisen auch Kollegen in Berlin und Nürnberg. Doch sein weltweit bekannter Name ist mit der Temperatureinteilung nach dem Dezimalsystem verknüpft. Auf einer Basis von 100 Grad legte er den Siedepunkt von Wasser bei null Grad fest, den Gefrierpunkt bei 100 Grad. 1744, ein Jahr nach Celsius' Tod, vertauschte sein Freund und Professorenkollege, der Botaniker Carl von Linné, die beiden Fixpunkte dieser Skala, um die praktische Arbeit mit dem neuen System zu vereinfachen. Um das Jahr 1800 hatte sich seine Maßeinheit als Celsius-Skala durchgesetzt, inzwischen heißt der Abstand von einem Prozent auf der Temperaturskala offiziell ein Grad Celsius.

Im ehemaligen Hauptgebäude der Universität ist heute das Gustavianum, das Museum der Universität mit vielfältigen Exponaten zur Geschichte, Kultur und Wissenschaft, untergebracht. Benannt ist es nach dem schwedischen König Gustav II. Adolph, der die Universität zu Beginn des 17. Jahrhunderts mit umfangreichen Ländereien zur Sicherung ihrer wirtschaftlichen Basis und für wissenschaftliche Forschungen ausstattete. Beispielsweise entdeckte und beschrieb der Mediziner und Botaniker Olof Rudbeck um 1650 nicht nur das lymphatische System des Menschen. Sein Seziertisch ermöglichte bis zu 200 Studenten und Kollegen wie in einem Amphitheater, Sektionen Verstorbener beizuwohnen und so dazuzulernen. Ein Nachbau ist, ebenso wie eines der ersten Thermometer von Anders Celsius, im Gustavianum ausgestellt.

Museum Gustavianum · Akademigatan 3 · 753 10 Uppsala
Tel. 018 471 75 71 · www.gustavianum.uu.se

Alte Globen und Karten sind in der Sammlung des Gustavianum zu sehen
Ebenso sind im Gustavianum wissenschaftliche Schätze der Universität ausgestellt

Tanzabend mit Live-Band im Stil der 1920er-Jahre im Gemeindehaus des Ortes

Sie tanzen schon 35 Sommer

99

In der ländlichen Idylle eineinhalb Autostunden nördlich von Stockholm kann man herrlich wandern oder durch die Schärenwelt vor der Küste paddeln. Doch wenn sich Anfang Juli fünf Wochen lang Tausende gutgelaunte Menschen aus aller Welt in dem Dörfchen Herräng versammeln, haben sie nur Swing im Sinn.

Paare wirbeln über die Tanzfläche, unter der Decke dreht sich eine Discokugel. Die Damen sind hell geschminkt mit dunkelroten Lippen und ausgestellten Röcken, Strümpfe natürlich mit Naht. Die Herren kommen im Jackett oder Weste mit Einstecktuch. Krawatte oder Fliege, alles ist farblich aufeinander abgestimmt, und auf dem Kopf trägt man vorzugsweise Schiebermütze oder Kreissäge. Es ist Partytime in Herräng, im »home of the happiest feet«. Die Workshops des Tages sind vorbei. Nach der Pflicht kommt nun die Kür, es darf frei und ausgelassen getanzt werden, bis der erste Hahn kräht. Vor über 35 Jahren haben sich schwedische »Lindy Hopper« erstmals in Herräng getroffen, um sich in der provinziellen Einsamkeit eine Woche lang ganz auf ihr Hobby konzentrieren zu können. Inzwischen sind es über den Sommer bis zu 5000 Swing-Fans, die aus rund 50 Ländern anreisen. Viele Deutsche sind dabei, aber auch Teilnehmer aus Russland, Argentinien oder Neuseeland. Die Tanzflächen in den großen Zelten für die Kurse tagsüber beleben sich auch abends schnell. Die Auswahl ist groß, natürlich sind Lindy Hop und Balboa dabei, aber auch Boogie oder Step Dance für Anfänger bis hin zu Turniertänzern.

Fehler werden nicht so wichtig genommen. Lachen, einfach weitertanzen und den Rhythmus spüren, heißt das Motto. Im Dorf hat man sich längst auf die sommerliche Invasion der Tanz-Fans eingestellt. Der örtliche Supermarkt hat jeden Tag geöffnet und schiebt abends Sonderschichten. Der Imbiss stellt neue Rekorde auf, sämtliche freien Zimmer oder Ferienhäuser sind an Tanztouristen vermietet. Vor allem aber geht es ums Tanzen, Tanzen, Tanzen. Erschöpft und glücklich werden nach einer Kurswoche die Sachen gepackt. Doch den Termin für das Camp im nächsten Jahr haben sich die meisten schon ganz dick eingetragen.

Herräng Dance Camp · Folketshusvägen 5 · 760 49 Herräng · Tel. 08 643 40 58
Büro: Högalidsgatan 36 A · 117 30 Stockholm · www.herrang.com

Schloss Gripsholm im Sommer

Register

Essen und Trinken

Einkaufen

Freizeit und Familie

Natur

Kunst und Kultur

Überraschendes

Entspannung

Verantwortlich: Alina Gillen
Lektorat: Daniela Wilhelm-Bernstein
Layout: Elke Mader
Repro: LUDWIG:media
Korrektorat: Rosemarie Elsner
Umschlaggestaltung: Frank Duffek
Kartografie: Kartographie Huber, Heike Block
Herstellung: Alexander Knoll
Printed in Italy by Printer Trento

★★★★★

Sind Sie mit diesem Titel zufrieden? Dann würden wir uns über Ihre Weiterempfehlung freuen.
Erzählen Sie es im Freundeskreis, berichten Sie Ihrem Buchhändler oder bewerten Sie bei Onlinekauf. Und wenn Sie Kritik, Korrekturen oder Aktualisierungen haben, freuen wir uns über Ihre Nachricht an Bruckmann Verlag, Postfach 40 02 09, D-80702 München oder per E-Mail an lektorat@verlagshaus.de.

Unser komplettes Programm finden Sie unter www.bruckmann.de

Alle Angaben dieses Werkes wurden vom Autor sorgfältig recherchiert und auf den aktuellen Stand gebracht sowie vom Verlag geprüft. Für die Richtigkeit der Angaben kann jedoch keine Haftung übernommen werden.

Danksagung: Für die freundliche Unterstützung bei der fotografischen Recherche danke ich den Mitarbeitern des Schwedischen Fremdenverkehrsamtes in Hamburg, insbesondere Viveca Burkhardt, Eva Svärd vom Schwedischen Campingrat, TT-Line, Oldenburg Kommunikation, Daniel Berlin und Ellinor Lindblom, Per Olsson, Lukas Östberg und ganz besonders Wilfried Leupolz von der Bürstner GmbH.

Bildnachweis: Alle Bilder stammen von Udo Haafke, außer:
S. 30 (Axel Pinck), S. 39 o. (Shutterstock/multiard), S. 39 u. (Shutterstock/Karel Bartik), S. 60 l. (picture alliance/IBL Schweden), S. 60 r. (Shutterstock/Peter Fuchs), S. 78 (picture-alliance/dpa), S. 83 (wikimedia commons/RadixPhoto), S. 88 (Axel Pinck), S. 90 u. (mauritius images/Bjorn Grotting / Alamy), S. 134 (mauritius images/Bildapoteket Per Petersson / Alamy), S. 145 u. (mauritius images/Folio Images RF/Åke Nyqvist) S. 158 o. (mauritius images/Photomick/Alamy), S. 158 u. (mauritius images/Photomick/ Alamy), S. 161 o. (mauritius images/Michael Abid), S. 161 u. (shutterstock/orxy), S. 162 o. (Axel Pinck), S. 168 (Shutterstock/gary718), S. 177 (Wikimedia Commons/Frankie Fouganthin), S. 186 (Peter Frischmuth/argus)

Umschlagvorderseite: Lolli: Grey Litac (shutterstock.com); Haus: Marven Brent (shutterstock.com)

Die Deutsche Nationalbibliothek verzeichnet diese Publikation in der Deutschen Nationalbibliografie; detaillierte bibliografische Daten sind im Internet über http://dnb.d-nb.de abrufbar.

ISBN 978-3-7343-0755-3